一目置かれる知的教養 日本美術鑑賞

秋元雄史
東京藝術大学大学美術館館長・教授

大和書房

プロローグ

■海外が熱狂する日本美術

「ジャポニスム」という言葉を耳にしたことがあるでしょうか。

一九世紀、パリ万博で浮世絵をはじめとした日本美術の出展により、ヨーロッパ全土で流行した日本趣味のことで、モネやゴッホといった印象派に与えた影響も大きく、その後、西洋美術史に刻まれた「革命」の一つとなりました。

そして近年、海外で日本美術を展示する大規模なイベントが相次いでいます。

二〇一八年から二〇一九年にかけては、フランスで「ジャポニスム二〇一八・響きあう魂」がパリを中心に開催されました。

「ジャポニスム二〇一八」は、一九世紀後半の西洋美術に多大なる影響を与えた、浮世絵をはじめとした日本美術のみならず、歌舞伎、能・狂言といった伝統芸能、アニメ・漫画といった現代カルチャー、食文化、祭り、禅、武道、茶道、華道など、実に多彩な日本文化を紹介する複合型芸術イベントです。

私も「書道」の概念を塗り替え、前衛芸術ともいえる作品を生み出している書家、井上有一を紹介するキューレーターとして参加してきました。

このイベントでとりわけ注目を集めたのは、ヨーロッパで初めて伊藤若冲の作品を大規模に紹介した「若冲《じゃくちゅう》《動植綵絵《どうしょくさいえ》》を中心に」展です。

若冲の緻密な描写と極彩色で描き上げられた花鳥画は、オープン直後から話題となり、**たった一ヶ月間の会期で約七万五〇〇〇人の来場者数を記録し、会期終盤には長蛇の列ができるほどの大盛況でした。**

フランスを代表する「ル・モンド」誌は、若冲作品を「洗練された精緻な筆致、調和のとれた配色、エレガントな構図」と評し、筆さばき、色彩、構図という絵画の制作上、重要な三要素を挙げて絶賛しました。また、フランス最大のメディア情報誌「テレラマ」は「余韻がさめない」とたたえています。いずれも、若冲作品がエキゾチックだからという理由ではなく、西洋美術と同じ視点から評価しているのです。

この展覧会だけではなく、俵屋宗達《たわらやそうたつ》、本阿弥光悦《ほんあみこうえつ》、尾形光琳《おがたこうりん》といった、いわゆる「琳派」と呼ばれる集団の傑作が揃った「京都の宝　琳派三〇〇年の創造」展が、パリ市立チェルヌスキ美術館で開催され、こちらも大きな反響を呼びました。

私も会場に何度か足を運びましたが、様々な展覧会に人々が長時間、並んでまで入場を待つ姿を目の当たりにして、あらためて、フランス人の日本美術に対する関心の高さを実感せざるを得ませんでした。

このトレンドは、フランスだけではありません。

二〇一七年から二〇一八年にかけては、ルネサンス発祥の地として知られる、イタリア・フィレンツェのウフィツィ美術館で『花鳥風月　屏風・襖にみる日本の自然』が開催され、室町・桃山・江戸時代を通じて展開する、日本の自然観を表した山水画や花鳥画の屏風が展示されて人気を博しました。

ロシア・モスクワにある国立プーシキン美術館でも、尾形光琳《風神雷神図屏風》、葛飾北斎《かつしかほくさい》《富嶽三十六景　神奈川沖浪裏》を始め、円山応挙《まるやまおうきょ》、渡辺崋山《わたなべかざん》らの名作、約一三〇点の屏風、版画、絵巻物、軸などを紹介する「江戸絵画名品展」が開かれ、**入場者総数が二ヶ月間で一二万人を突破する大盛況となっているのです。**

一方で、外国人たちが、日本の美を再発見し続けてきた歴史もあります。「プライス・コレクション」として知られるアメリカ人コレクター、ジョー・プライス氏は伊藤若冲《葡萄図《ぶどうず》》に出会って以来、江戸美術を中心にその魅力の虜になりました。その熱は、若冲の《鳥獣花木図屏風》をコンピュータで取り込み、自宅の浴室の壁に再現しているほどです。

世界からの注目はなにも美術界だけの話ではありません。**『マネジメント』などで知られる経営学者、ピーター・F・ドラッカーも、日本美術に魅力を感じた人物の一人です。**

彼が「恋に落ちた」のは、華やかで個性的な江戸美術ではなく、室町以降の山水画だったことは、驚くばかりです。たとえ江戸時代の作品であってもやはり文人画《ぶんじんが》（職業画家ではない知識人が描いた水墨画）がコレクションの三分の一を占めているそうです。

日本美術に対する世界的評価は、なにも現代で急に高まったわけではなく、常に注目の的になり続けています。

日本国内でも、近年「日本美術ブーム」といった言葉を、耳にするようになりました。二〇一六年に一ヶ月間に四四万六〇〇〇人を集めて社会現象となった、東京都美術館開催の「生誕三〇〇年記念　若冲展」の大盛況は記憶に新しいことでしょう。それらをはじめ、様々な切り口で開催される日本美術の企画展が活況なのは、関心の高さの証です。

実はこうした国内の日本美術ブームは、言い換えれば「江戸美術ブーム」とも言えます。これは個性的で多彩なため、わかりやすいことが理由の一つでしょう。

■自国文化を西洋美術のように語る言葉をもてない

しかし「日本美術とは何か？」と問われて、すぐに答えられる人がどれだけいるでしょうか。

今後、ますますグローバル化の流れは加速していきます。そうした中で求められるのは、語学力だけではありません。なによりも大切なのは、自国の文化を理解して語れることです。

さらに、自分の存在軸をしっかり持つ上では、自身の文化的背景に対して疎いと、自分を見失ってしまう恐れがあります。

世界で勝負するために、ビジネススキル以前に、「あなたは何者なのか?」を強く問われてくるし、彼ら彼女らがグローバルの荒波にうまく乗れるのは、「自己の役割」「自分の存在意義」がしっかりと確立されているからでしょう。美術や文化は個人の奥深いところです。

だからこそどんなに流暢に英語を話せたとしても、その中身がなければ、相手にされることはないということです。

たとえば私たちが、フランス人に「モナ・リザの魅力をどう考えますか?」と尋ねたとします。その場合、自分なりの解釈や答えを持っていないビジネスエリートは、見当たらないものです。何かしらの自分なりの見解を語れるものです。

では、逆の立場で考えてみましょう。

海外の人から「北斎の魅力をどう考えるか?」と問われて、すぐに答えることができるでしょうか。

北斎は、私たち日本人が考えている以上に、海外ではよく知られた存在です。中途半端な返答をしていたのでは、相手から無教養な人物と見なされ、侮られてしまいます。それでは対等な関係を築くことも難しくなってしまうでしょう。

グローバルエリート同士の会合などでは、ホスト国側が会合前に自国の「文化的見どころ」のような場所へ案内することも多々あります。

私も縁あって、ある日本人のエグゼクティブとともに、そうした場へ同席させていただくことがあります。ホスト国側の人が自国の誇る名画・名作を前にその価値を語った後のことです。

「日本ではどうですか？」と話題を振られて曖昧《あいまい》な答えしか言えない日本人エグゼクティブを目の当たりにしました。

自国文化への理解を深めることで、自分たちのアイデンティティ、物事への考え方、さらには他国のリスペクトを受ける器が形成されていくのではないでしょうか。

■「世界の見方」が変わる日本美術

前述したように今、世界は日本美術に注目しています。本書では、最低限の教養として知っておくべき定番作品や作家を厳選しました。さらに、「一枚の絵」としての面白さ、日本美術の奥深さを感じているものも選んでいます。

通して読めば「日本美術とは何か」といった本質的なことはもちろん、日本美術の大きな流れや、世界がなぜこの作品に注目しているのかが理解いただけるはずです。そして、楽しめる鑑賞法に関しても解説を加えています。

おそらくこれまで日本美術に馴染みがなかった人でも、楽しんでいただけるのではないでしょうか。

日本美術を知れば、私たちが何を美しいと感じるのか、どのように世界を見つめてきたのか、そして世界をどのように表現してきたのか、その思考やものの見方、感じ方にも気づきます。

普段の生活の中で、当たり前に感じていたことが、実は自分の中に受け継がれている、日本的感性によるものだと気づくのです。

漫画やアニメ、ゲーム、ポップカルチャーといった、日本的なアート感覚が、今は世界から求められる時代です。

日本美術を鑑賞して、日本人だからこそ持っている美的感覚をあらためて自覚してみてください。

時代が変わる今こそ、あなたの日本人としてのあり方を今一度考えてみてください。

そうすればあなたの「世界の見方」が変わる新しい体験が待っているはずです。

東京藝術大学大学美術館館長・教授　秋元雄史

一目置かれる知的教養
日本美術鑑賞

CONTENTS

第1章

知的教養人が理解している日本美術の醍醐味

日本美術のディープさの「正体」

押さえておきたい日本美術史

第2章

知的教養を育てる日本美術読み解き

平安時代後期から室町時代まで

第3章

知的教養を育てる日本美術読み解き

桃山時代から明治以降

第4章

日本美術の知的な鑑賞作法

人と差がつく3つの味わい方

日本美術の鑑賞いろは

第 1 章

知的教養人が理解している日本美術の醍醐味

実はわかりやすい日本美術の世界

■誰がどの作品を描いたのかわからない？

「日本美術は、西洋美術に比べてわかりにくい」、あるいは、「どこかハードルが高い」といった声が聞かれます。

もしかしたら、本書をお読みのあなた自身も日本美術に、どこかしら「とっつきにくさ」を感じてはいないでしょうか。

確かに西洋美術の作品群、とりわけ「名作」といわれるものは、抜群の個性を放つものが多いでしょう。

一方で、**日本美術が、見慣れない人たちからすれば一見、「無個性」に見えてしまうケースもあります。**伊藤若冲《いとうじゃくちゅう》を始め、曽我蕭白《そがしょうはく》、長沢蘆雪《ながさわろせつ》、歌川国芳《うたがわくによし》といった、江戸時代のきわめて個性的でわかりやすい作者が、広く人気を呼ぶのはその裏返し。「日本美術は、個性がわかりにくく、どれを観ても同じように見えてしまう」そのような感想も、悲しいながら耳にします。

■読み解くキーワードは「継承」

ここで、作家の個性とともに、鑑賞の前に踏まえなければいけない大前提があります。

それは、「日本美術は『継承』の美術」ということです。

拙著『武器になる知的教養 西洋美術鑑賞』(大和書房)の中で、私は、西洋美術が「革命の歴史」だったと述べました。西洋では、既存の芸術を壊すことで、常に新しい価値を生み出してきたからです。

たとえばゴシック様式が台頭すれば、それ以前のロマネスク様式が消え、ルネサンスが起これば、ゴシック様式が姿を消すといったように、いわば西洋美術は、「革命の歴史」なのです。

その一方、**日本美術は「伝統」が重んじられる傾向が強く、技術や考え方をいかに継承しているかがポイントになってきました。**

室町時代、狩野正信《かのうまさのぶ》を起点として、明治まで実に四〇〇年もその技法が継承された「狩野派」は、その最たるものです。

彼らは「粉本《ふんぽん》」と呼ばれる、お手本を描き写しながら学ぶのですから、同じように見えても仕方ありません。

「狩野派」の中興の祖で、継承された技法の上に、さらに際だった個性を発揮した天才、狩野永徳ら一部を除けば、江戸時代にあまたいる狩野派の画家の絵などは、どれを観ても、普通の人にはすぐに区別できないはずです。

そして、この「継承の歴史」は一つの流派にとどまりません。

平安末期以降の大和絵《やまとえ》の流れが、明治まで続いたことに代表されるように、日本美術は、現代に至るまで川の流れのように切れ目なく、その伝統を引き継いできました。

そうした絶え間ない流れのもとで、美術の世界でも、西洋ほどの劇的な変化が起きることはありませんでした。

そのことが一見、「無個性」なものとして、日本美術が見られてしまう要因の一つとなっているのかもしれません。

しかし、劇的な変化がなかったがゆえに、日本美術は意識的に継承しようとしてきました。

そして、現代日本のサブカルチャーなどにも日本美術ならではの遺伝子も潜んでいるのです。

■外来文化の影響で進化し続ける日本美術

外来文化の影響を受けてきたことも、日本美術をわかりにくくしている原因の一つでしょう。

日本では、中国や朝鮮半島、西洋からもたらされた外来文化の影響を、絶えず受容しながら、時代ごとに様々な美術作品を生み出してきました。

しかもシルクロードの終着点である日本の場合、入ってきたのは、多様な文化を収斂した複雑なものでした。

日本の飛鳥時代の仏教美術は、ギリシャやオリエント、インドなどの文化が混ざり合い、それがさらに中国・朝鮮半島で醸成されたものであったことは、その典型的な例といえるでしょう。

また、よく知られているように、日本では外来のものを、単に受け入れてコピーするのではありません。

縄文以来、我が国で育まれてきた繊細な感性や美意識で、外来の文化を独自のスタイルに変化させていきました。

そして、独自のスタイルが出来上がったところに、また新たな外来文化を積極的に採り入れては、日本独自のスタイルを築き上げていくことを繰り返してきたのです。

まるで発酵と熟成を何度も繰り返すかのようなものです。

そのため、**どこまでが外来文化の影響を反映したもので、どこからが日本特有の感性なのか、専門家ですら意見が分かれるほど、きわめて複雑化しています。**

そうした歴史も、一般の人にとって、日本美術をわかりにくいものにしていることは間違いないでしょう。

しかし、日本美術の大きな流れを知れば、それぞれの時代を通じて入ってきた外来の文化が、刺激として日本美術を活性化させ、マンネリを防ぎながら進化を遂げてきたこともわかります。

■西洋美術より「わかりやすい」最大の理由

私は、日本美術はむしろ西洋美術よりも、はるかにわかりやすいと思っています。なぜなら、極《きわ》めてもっともなことなのですが、鑑賞する私たちが日本人であるからです。

《鳥獣人物戯画》の有名なシーン、カエルとウサギが戯《たわむ》れている図も、私たちにはすぐに「相撲」であることがわかりますし、東洲斎写楽《とうしゅうさいしゃらく》の浮世絵を見れば、描かれているのが当時の歌舞伎役者であると理解します。

その反対に、西洋美術には、キリスト教などの知識がなければ、きちんと理解できないものがたくさんあります。

東洲斎写楽《市川鰕蔵の竹村定之進》

日本美術のモチーフのほうが、断然、私たちには身近なのです。

描かれたモチーフだけではありません。

狩野永徳の勇壮な屏風絵、《唐獅子図屏風《からじしずびょうぶ》》が桃山時代に描かれたことさえわかれば、すぐに織田信長や豊臣秀吉が覇を競った安土桃山時代の雰囲気を理解できます。**中学校レベルの日本の歴史を知っているというだけで、ずいぶんと日本美術への理解度が高いことを多くの人は自覚していません。**

マレーヴィチの抽象絵画が、ロシア革命を背景に描かれたといったことを理解するよりも、《唐獅子図屏風》の時代背景を理解するほうが、はるかにたやすいのです。

なによりも私たちには、意識しようとしまいと、日本人の美意識が受け継がれています。それはあまりにも当たり前なものと考えていて、すぐには気づかないものかもしれませんが、その感性は確実にあなたの中にも存在しています。

たとえば、秋の虫の鳴き声。私たちは鈴虫が奏でる音色に、風情を感じます。古くは平安時代、すでにカゴに入れた虫の鳴き声を楽しむことが、貴族の風流な遊びとして流行していました。

ところが東京医科歯科大学名誉教授の角田忠信氏によれば、日本人とポリネシア人の一部を除き、世界中の多くの人々にとって、秋の虫の鳴き声はただの雑音にしか聞こえないといいます。

本書で紹介する長谷川等伯《松林図屏風《しょうりんずびょうぶ》》を目の当たりにしたら、詳しい予備知識がなかったとしても、多くの人が、そこに静寂の美を少なからず感じることでしょう。「西洋美術を感性で見てはいけない」と前著に書きましたが、日本美術は私たち日本人にとって、ふだん抱く感覚で楽しむことができるものなのです。

もちろん、その作品が日本美術史のどのような流れの中で描かれ、その当時にどのような時代背景があったのか、それらを知ればより深く楽しめることはいうまでもありません。

何よりも大切なのは、よい作品をたくさん見ることです。

そうすることで、あなたにも受け継がれている日本人の美意識がどんどん自覚できるようになるでしょう。

日本美術を見る目が養われていくだけではありません。

日常で見る小さな花や鳥、松の枝にうっすら積もった雪などの景色にも、日本的な美が秘められていたことに、あらためて気づくようになるかもしれません。

日本美術のディープさの「正体」

■西洋美術との比較でわかる3つの特徴

まずは、あなたが知っている西洋美術の画家の名前を思い浮かべてみてください。モネ、ゴッホ、ピカソ、ムンク、フェルメール、ルノワール、ダ・ヴィンチ、レンブラント、セザンヌ、ダリ……それぞれのことを詳しくは知らなくても、名前だけはけっこう出てくるのではないでしょうか。

それでは、日本美術の画家、あるいは絵師の場合はいかがでしょう。葛飾北斎、東洲斎写楽、伊藤若冲、雪舟……。

この辺りの著名な人たちは、すぐに思い浮かべることができるかもしれません。し

土佐光起《桜楓に短冊図》

かし、西洋美術の画家たちに比べた場合、名前がすぐには思い浮かばない。そう感じた人も多いのではないでしょうか。

土佐光起《とさみつおき》、月岡芳年《つきおかよしとし》、竹内栖鳳《たけうちせいほう》、谷文晁《たにぶんちょう》といった名前を聞いて、その作品がすぐに頭に浮かぶでしょうか。

すぐに「あの作品を描いた人だ」とわかる人は、普段から日本美術に親しんでいる人で、多くの人はピンとこないのではないでしょうか。

そこで、まずは西洋美術と比較しながら、日本美術の特徴を挙げてみることにしましょう。

■①遠近法を多用しない「デザイン」

一八七八年にアメリカから来日して、日本美術に魅せられたアーネスト・フェノロサは、その特徴の一つとして「写実を追わない」ことを挙げています。

「写実とは何か？」については多様な解釈がありますが、彼のいう「写実」とは、西洋美術がルネサンス以降、一点透視法や陰影をつけることで「目に見えるものを三次元的な立体表現で二次元に再現」してきたことを指します。

それに比べて、日本美術はそうした技法を用いないものが多くあります。たまに「科学に基づいた遠近法も使いこなせない日本の絵画は、西洋に比べて劣っている」とまで考える人がいるようです。

しかし、当然のことながら、芸術は科学ではありません。

むしろ、一点透視法などの遠近法は、視点を一つにしなければならないといった制約を加えてしまうものでもあり、画家からアイデアや自由な描き方を奪うものでもありました。鎖国していた江戸時代に八代将軍の吉宗は、産業振興の観点からオランダや中国から様々なものを輸入しました。当然西洋美術も輸入され、実物を観察して写す写生も取り入れられ始めました。それは一種の博物誌などの科学的な態度として受け入れたが、日本美術にも影響がありました
それに画家としていち早く対応したのが円山応挙でした。応挙は観察して描き写す写生を行いました。ところが江戸のアカデミズムを代表する上田秋成は、「絵は応挙

の世に出て写生といふことのはやり出て、京中の絵が皆一手になったことじゃ」と皮肉を述べています（『胆大小心録』より）。裏を返せば、写生を嫌って、自由に表現する遊び心のほうが、当時から優先されていたことになります。

浮世絵版画に代表される日本美術の平面性は、ルネサンス以降の伝統的な西洋絵画から見れば、その美しい色彩を含め、自由斬新なものに映ったことは間違いありません。だからこそ、印象派が強く影響を受けたのでしょう。

日本美術が、写実的でないとする指摘には、平面的であると同時に、日本美術が「装飾的」であることも含まれています。

日本を代表する日本美術史家、源豊宗氏や矢代幸雄氏も、日本美術の特徴の一つとして「装飾性」を挙げています。

「装飾的」とは、「デザイン的」と言い換えてもよいでしょう。

日本美術では、見たままを描くのではなく、頭の中でいったん美的に抽象化したうえで、感覚的に心地よいと感じる構図で描いた作品が多くあります。金地に燕子花《かきつばた》をスタンプのように並べた、きわめて平面的な尾形光琳の《燕子花図屏風》などは、その代表例ともいえるでしょう。その根底には色彩と形態で遊ぶという精神性があるのかもしれません。

日本美術が西洋美術に比べて装飾的になったのは、その鑑賞法の差にあるのかもしれません。

ルネサンス以降の西洋絵画が、「一枚の絵」として独立した状態で鑑賞されたものが多いのに対し、日本の美術は、日用品の装飾に近い形で鑑賞されてきました。襖や屏風、衝立といった空間を仕切る家具、あるいは床の間の掛け軸など、生活にきわめて近い調度品や住宅で観られてきたのです。

日本が初めて公式に参加したパリの万国博覧会（一八六七年）でも、茶屋風の日本家屋を再現して三人の芸者を配し、日本の日常生活を演じてみせながら、漆器などの工芸品を紹介しました。このエピソードは、日本美術が常に生活とともにあった「飾り」であることを物語るものです。

だからといって襖絵のような絵画が、西洋美術の一キャンバス画や板絵に比べて芸術的価値が低いわけでは、決してありません。絵画・彫刻を、世界を映す鏡（広い意味での写実）として特別扱いする西洋美術と、絵画・彫刻とデザイン・工芸をひと連なりのものとして一緒に観る日本美術との違いなのかもしれません。

一九七四年に《モナ・リザ》が日本にやってきた際、その引き換えにパリのルーブル美術館に渡ったのは、狩野永徳が父・松栄とともに描いた大徳寺聚光院の襖絵《四季花鳥図》でした。**これはルーブルが、この襖絵を《モナ・リザ》と〝同格〟であると見なした証といっていいでしょう。**《四季花鳥図》は、金地に力強い隆々とした梅の木を描いたきわめて装飾的な作品でした。この作品に代表される「装飾性」は、やはり日本美術の特徴の一つです。

②自然との近さ

長く継承された歴史の中で、四季の自然をモチーフにずっと選んできたのも、日本美術の特徴です。

西洋美術には長年、描かれている絵の内容によって厳然たるヒエラルキーがありました。その最上級に君臨していたのが、宗教的な主題を含む歴史画で、自然を描く風景画は、格が低いものとされてきました。

カトリック教会が、画家たちのパトロンだったためで、フランス王立絵画彫刻アカデミーでの絵画の順位付けは、最上位が宗教画を含む歴史画で、二番目が肖像画、三

狩野探幽《四季山水図屏風》

番目が風俗画、そして四番目にようやく風景画が登場します。

西洋の価値観はキリスト教によって築かれたもので、神である主《しゅ》を頂点として、その下に人間、自然はさらに下の、人間に支配されるランクとされてきました。西洋で自然を主役に描く風景画が、アカデミーで公認されるのは、十八世紀後半になってからのことだったのです。

一方、日本では中国の山水画の影響もあって、早くから自然の光景が描かれ、十一世紀の平安時代末期には、山水屏風が国風文化の画風である「大和絵」で描かれるなど、早くから風景画が描かれてきました。

日本は豊かな自然に恵まれ、季節ごとに様々な表情を持っています。そしてそこに暮らす人々は、四季の移り変わりを敏感に感じ取り、季節ごとの植物や生物、自然の情景を日々大切にしてきました。その身近な自然が古くから日本美術や文学の主要なテーマとなってきたのです。

風景画を描くようになったのは中国の影響ですが、山水画に代表される中国の風景画が宇宙の真理にも迫ろうとする迫力で自然を描こうとするのに対し、日本ではしなやかで優しく身近な存在として自然を描く傾向があります。

大和絵では、中国由来の画題を選んだとしても山の稜線などがゆったりと描かれるのです。

はるか縄文の時代から、常に人の生活と一体であった自然。そこにあるすべてのものに日本人は神が宿ると考えてきました。

四季の自然は、移ろいゆくものです。咲いては散る桜のように、常ならざる自然をいとおしみ、限りある命である自らに重ねる。

はかないが故に大切なものとして作者は、それをモチーフにして描いてきました。

それはすべてのものは神が創ったとされる西洋とは異なり、日本人が自らを自然の一部と考え、すべての理は自然の中にあると考えたからです。

様々な動植物を描いた伊藤若冲の作品も、そうした日本美術の特徴を踏まえれば、

「強烈な個性」という評価にとどまらず、動植物に宿る魂への慈しみ深さなどが感じられるようになるでしょう。

③絵具・紙の違い

画材も西洋美術と日本美術では大きく異なります。伝統的な西洋美術は油絵の具を使用しますが、日本美術では「岩絵の具」が主に使われてきました。

岩絵の具とは、鉱物を粉砕して作った顔料の一種で、それ自体が宝石の一種のようなものです。

国際的に活躍する作家、千住博さんは、天然の岩絵の具を「宇宙そのものの息吹」だといいます。岩絵の具に使われる鉱物が約四六億年前、小惑星が衝突してできたものだからです。

岩絵の具は素材に触感的魅力があり、単色を塗っただけでも、説得力のある画面になります。日本画の魅力とは、この岩絵の具の魅力に尽きるでしょう。

日本画の絵具には、岩絵の具の他にも土や貝殻などを砕いた水干《すいひ》絵具などがあり、それらを牛の皮など、動物の皮骨を煮て、コラーゲンやたんぱく質を抽出して作るニカワと混ぜて使用します。

花鳥画などの線描や水墨画に使うのは、もちろん墨。墨は、油や松を燃やして採取した煤《すす》をニカワで練り固めて乾燥したもので、水とともに硯ですり下ろした状態のものを色材として用いるのですが、水墨画をみればわかるように、モノクロにもかかわらずきわめて多彩な表現が可能です。

西洋美術のキャンバスにあたる素材（基底材）には、日本では「絹」の布地や「和紙」、そしてヒノキやケヤキの「板」が使われてきました。

絹は最も重要な日本画の素材の一つで、絹に描いた絵を絹絵、あるいは絹本《けんぽん》といいます。

絹本では、裏側から彩色や箔を貼るなどいろいろな表現が可能になります。伊藤若冲も絹本に《動植綵絵《どうしょくさいえ》》を描いているのですが、そのことが絵をいっそう鮮やかなものにしているのです。

和紙についても薄美濃紙《うすみのがみ》、楮紙《こうぞがみ》、画仙紙《がせんし》、雁皮紙《がんぴし》など、原料の異なるものが、絵の種類や、描かれた時代の流行などによって、その時々に使用されています。

日本画を観るときに「絹本墨画淡彩」とあれば、基底材が絹で、主な画材は墨、薄く色をつけていることを表わし、「紙本著色《しほんちょしょく》」とあれば、基底材が紙で彩色されている作品だとわかります。

絹、紙も西洋画で使用する麻布と比較すると、厚さ、強度が違います。光にかざせば透けてしまうほど薄いのです。日本画ではその薄さを利用して、絵に多様な技法上の表現を与えています。絵具を染み込ませたり、裏から描いたりです。

西洋画は、濃度の高い不透明な絵具を塗り重ねていきますが、日本画はまるで染色のように描いていくのです。

驚くかも知れませんが、**日本絵画の画材や技法は現代に至るまで、約一〇〇〇年間、ほとんど変わっていません。**同じ紙に、同じ接着剤と混ぜた、同じ絵具を使って描かれてきたのです。

その理由は単純で、岩絵の具と和紙、あるいは絹本との相性が抜群だから。これで描かれた作品は一〇〇〇年経っても大きな損傷がないため、改良する必要もないのです。

もともと筆と絵具で描く美術の技法は、日本絵画に限らず、あまり変化がありません。千住博さんは、エアブラシやスプレーガンを使用して日本画を描きますが、千住さんに言わせれば、旧石器時代に生きた人たちも口に含んだ絵具を吹き出して似たような絵を描いていたそうです。

岩絵の具や、紙や絹に描く技法は、古代に中国大陸から伝わってきたもので東アジアに広がっています。ですから画材や技法だけをもって、日本絵画を定義することはできません。

やはり、そのモチーフや表現方法に、日本美術ならではの特徴があるといえます。

■特徴さえ知れば日本美術との距離が縮まる

人気の西洋美術に目が慣れた私たちですが、ここまで挙げたような特徴を鑑賞前に踏まえておくだけで、より理解しやすくなるはずです。

「日本美術が写実を描くものではない」としたら、日本の絵師たちは一体、何をどのように描いてきたのか。

それぞれの時代の作品に、通奏低音のような流れるものはあるのか。

できればそうした視点も持ちながら、それぞれの作品に触れてみてください。

それは私たちが何を美しいと感じ、それをどう表現してきたのかといった、日本人の美意識を探る旅になるはずです。

その旅に出発する前に、日本美術がたどった歴史にも触れておきましょう。それは全体を俯瞰するロードマップのようなもの。作品を鑑賞する際に、現在地を知る手がかりにもなります。

押さえておきたい日本美術史

第2章以降、個々の作品を紹介していきますが、まずは全体の文脈を把握するため、日本美術の大きな流れをつかんでおきましょう。

歴史的に見ると、日本美術史には外来の新しい文化や技法が流入してくる時期と、その後日本国内でその様式や技法が醸成されていく時期があり、それが繰り返されているといえます。

その全体像を把握することが、日本美術に対する理解を助けます。

その作品がどんな時代に描かれたのか、それを知るだけで、「なるほど、だからこうなのか」といった気づきがあることも少なくありません。

細かく覚える必要はありません。まずはざっくりと、とうとうと流れてきた、日本美術の大きな流れをつかんでおいてください。

■縄文～弥生～古墳時代――日本の美の原点

かつて、日本美術史は仏教が伝来した飛鳥時代から始めていましたが、近年は縄文時代からという考え方も出始めてきます。**一万年以上続いたこの時代に、日本人の美意識の土台を構成している可能性が、専門家から指摘され始めたからです。**二〇一八年には、「縄文の美」として、歴史的な視点ではなく、美術として縄文土器を鑑賞・評価する展覧会が大盛況になるほどでした。

実際に、有名な火焔型土器などは、**岡本太郎氏が絶賛していたようにきわめて個性的なもので、縄で様々な模様を付ける縄文式土器は、日本美術における装飾性の原点であると指摘する人もいます。**

紀元前四〇〇年頃から始まる弥生時代

《縄文土器（火焔）》

で初めて日本に外来の文明がやってきます。このとき大陸から伝わった稲作は、生活を農耕を中心に変え、定住化を促しました。

土器からも縄文式土器のようなダイナミックさは消え、穏やかで平面的な造形に変わります。青銅器が伝わると、銅鐸、銅鏡といった祭祀用の青銅器の表面に図柄が描かれるようになりました。これが日本の絵画の始まりとする見方もあります。

古墳時代には、外来文化の影響を感じさせないアニミズム的絵画が描かれた熊本県のチブサン古墳、中国の故事を壁に描いた福岡県の竹原古墳の石室が発見されるなど、土着性と外来性が入り混じる混沌としたものになっていきます。

■飛鳥〜奈良〜平安時代——仏教美術から国風文化へ

欽明七年（五三八年）、現在の韓国にあたる百済から仏教が伝わると、それ以降日本美術はしばらく仏教美術に染まります。

聖武天皇の時代には、国家をまとめるため、国を挙げて仏教が奨励されました。寺院や仏様を権威づける、きらびやかな荘厳美術が始まったのも、この時代です。

仏教国家となった日本では、文化も丸ごと中国の隋や唐から渡来したものに倣《なら》いました。そのため奈良時代～平安時代中期にかけて、数々の中国式仏像が日本でも作られるようになり、仏やその教えを題材にした仏画も盛んに描かれます。

こうして日本人の精神に入り込んだ仏教が、のちの日本美術にも色濃く影響していくことは言うまでもありません。

ところが九世紀末、唐で起こった内乱をきっかけに日本は遣唐使を廃止するなど、中国と距離を置くようになります。

そして外来文化が入りにくい閉じた環境で中国の影響から脱した独自の表現方法、いわゆる国風文化・王朝文化の時代に移ります。

この時代に、それまで中国様式だった美術は、日本人好みの「和様《わよう》」に洗練されていくことになりました。絵画では、平安初期までの唐絵《からえ》にかわって、日本の山水や人物を題材とした大和絵が描かれるようになり、貴族の邸宅などにおいて襖や屏風が飾られるようになりました。後で紹介する《源氏物語絵巻》などの絵巻物が盛んに作られるようになったのも、この時期からです。

この頃の優雅な「王朝文化」のスタイルこそが、その後も、日本美術の根底に流れていくことになります。

■鎌倉・南北朝時代——リアリズムの台頭

武士が台頭した鎌倉時代になると、写実的で筋骨隆々な彫刻が彫られるようになりました。運慶《うんけい》、湛慶《たんけい》、快慶《かいけい》の三人がその代表です。

運慶の指導による東大寺南大門の金剛力士像などは、肩や胸の筋肉が盛り上がった写実的な表現で、信仰の対象というよりも、生身の人間を表しているかのようです。イタリア・ルネサンス期の天才芸術家ミケランジェロの作風を思わせるものです。

ちなみにミケランジェロのダビデ像が完成したのは、一五〇四年のこと。運慶はそれよりも三〇〇年早い、一二〇三年に金剛力士像を作り上げています。

写実的な人物画が描かれるようになったのも鎌倉時代からですが、肖像画については第2章で詳しく述べることにします。

平安末期から鎌倉時代にかけては、末法思想が広まったため、絵画の世界では「来《らい》迎図《ごうず》」が多く描かれるようになりました。

「来迎図」とは、平安中期以降、浄土信仰に基づいて盛んになった仏画で、主に、阿弥陀仏が菩薩たちを従えて、人々を極楽浄土に迎えるために人間世界に下降する様を描いたものです。

この時代には、その反対に、信心をおろそかにすると地獄に落ちるとされ、地獄絵巻なども描かれました。

その時代背景については、第2章の《地獄草紙》のところで詳しく紹介します。

作者不詳《阿弥陀聖衆来迎図》

■室町時代——禅の美術と近世美術の誕生

鎌倉時代から南北朝時代を経て、室町時代になると、ふたたび中国の影響が強くなります。

すでに鎌倉時代に新しく伝わっていた禅宗が、室町時代になると歴代将軍によって厚く庇護され、三代将軍足利義満の頃には最盛期を迎えました。それに伴い禅の美術も盛んになります。

この時代に日本絵画の主流になったのが、鎌倉時代に伝えられた水墨画で、中でも山水画が発達しました。**墨という限られた色彩の中で、自らの精神を表現する水墨画の特質は、禅宗に基づいていると考えられています。**

一方、室町後期になると、禅の美術も和様化の傾向を示すとともに、大和絵も復興します。

この流れを象徴するのが中国の山水画に学びながら、晩年に日本風の水墨画を完成させた雪舟です。また、明治まで続く狩野派も、その基礎をこの時期に確立しまし

た。

能や茶道、作庭や立花といった芸術が始まったことからも、室町時代後期の美術は、近世美術の萌芽として重視されています。

■桃山時代――破格で勇壮華麗な美術

一般的には、一五六八年の織田信長の入京から、一六〇〇年の関ヶ原の戦いまでの約三〇年を安土桃山時代と呼びますが、美術史では、室町時代末期の永禄年間（一五五八～七〇）から、江戸時代初期の寛永年間（一六二四～四四）辺りが桃山時代とされます。

桃山の名は、秀吉が晩年に築いた伏見城があった地を、特産の桃にちなんで桃山と呼んだことに由来します。**桃山時代はわずか六〇～七〇年ほどでしたが、この時期に日本の芸術はピークを迎え、狩野派、長谷川派、海北《かいほう》派といった流派が、次々と生まれました。**

桃山時代は激動の時を象徴するように「破格の美」が特徴といえます。

京都を荒廃させた応仁の乱の後、一〇〇年以上にわたり、日本では政治的、社会的、そして経済的に分裂した戦国時代に突入しました。

しかし、天下統一の礎を築いた織田信長や豊臣秀吉が登場すると、美術界にも新たな潮流が生まれました。

長い戦乱が終わって、復興する京都を中心に、新たな天下人のもと、豪華で華麗な絵画が制作されるようになったのです。

この時代には、武将の権威を誇示する城郭が建築されるとともに、その城郭や寺院などの襖、屏風、壁などの金箔地に雄大な構図で豪華な絵画が数多く描かれるようになりました。

その作者としては、狩野永徳や長谷川等伯、海北友松《かいほうゆうしょう》らの名が挙げられます。

ポルトガル人宣教師の来日とともにヨーロッパ文化が流入してきたのも、この時期です。その影響を受けた絵画・工芸品が数多く作られました。イエズス会の指導のもと、そのセミナリオで学んだ日本人絵師によって制作された《泰西《たいせい》王侯《おうこう》騎馬図《きばず》》などは、日本人による初の洋風画といえるものです。

その一方、茶の湯の流行により、そうした豪華さと相反する、「わびさび」の精神

に基づく芸術活動も盛んになりました。

■江戸時代——おだやかさと多彩な個性

徳川幕府が治める江戸時代に入ると、安土桃山時代に引き続き、京都が重要な地位を占める一方で、政治、社会の中枢が江戸に移ったことに伴い、江戸でも新しい美術が生まれ、江戸と京都（大坂を含む上方）が二大中心地となります。**この時代、絵画はもはや権力者のものだけではなくなり、市民階層も絵画制作に携わるようになります。**画風もおだやかになり、画面の中に収まる構図が多くなります。

京都における琳派、文人画、奇想の絵画、円山四条派の絵画、江戸における浮世絵などがその代表例で、とくに木版画で刷られた浮世絵は、庶民に大流行することになりました。

鎖国により、日本独自のスタイルを醸成させていきながらも、八代将軍の吉宗の産業振興により中国の明や清、オランダの文化や美術が流入して、秋田蘭画《あきたらんが》などに近代美術の萌芽がみられることも見逃せません。

天下太平の世となった江戸時代は、様式を重じる狩野派が武家社会に広がる一方で個性的な画家が数多く登場して、多彩な絵画が描かれた、百花繚乱ともいうべき時代でしたが、美術史的には前期・中期・後期に分類されます。

江戸時代前期は、狩野探幽を始めとする狩野派を中心に、大和絵の伝統を継承する土佐光起らの土佐派、新しい装飾美を展開した尾形光琳らの琳派などが活躍した時代。平和な時代らしく、落ち着いた画風・構成になります。

中期には、狩野派や土佐派が勢いを失っていく中で、中国やオランダからもたらされた絵画などから、中国画・西洋画の技法の影響を受けた南蘋派《なんぴんは》も登場します。この頃には、円山応挙を祖とした円山派、中国の文人画の影響を受けた南《なん》

伊藤若冲《月下白梅図》

画《が》や、近年注目を浴びる個性的な画家も登場しました。

後期には、文人画や洋風画などを取り入れた独自の画風を展開する個性的な画家が登場し、同時に、葛飾北斎、歌川広重らの浮世絵師も活躍しました。後年には両者の浮世絵は、西洋美術にも大きな影響を与えることになりました。

■明治以降――日本的美の模索と海外からの再発見

急激に西洋文化が流入した明治時代初期には、日本美術界は混沌とした状況に陥ります。

まず政府主導で徹底した西洋化が図られ、狩野派などの諸派の絵画は危機的状況となります。仏教を排除し寺などを壊した廃仏毀釈《はいぶつきしゃく》によって貴重な仏像や仏画が消失したり、大名・武

歌川広重《名所江戸百景　大はしあたけの夕立》

士の没落によって、彼らが所持していた多くの優れた美術品も海外に流出することになりました。

ところがアメリカから来日したフェノロサが、寺の仏像やそれまでに描かれてきた日本の伝統美術を絶賛すると、一転して風向きが変わり、幕末の攘夷運動を思わせるような、西洋美術排斥運動が起こります。

そしてフェノロサに学んだ岡倉天心など、伝統美術を重視する勢力によって東京藝術大学の前身、東京美術学校が設立され、それに対抗して洋画派が明治美術会を発足させるなどして、両者は対立しました。

そんな中、パリで学んだ黒田清輝が帰国すると、洋画派は二つの流れに分かれ対立するようになります。

日本画派においても保守的な画家たちと、西洋の表現を採り入れた日本画を指向する画家たちが対立するようになり、単なる「日本画対洋画」ではない、複雑な図式の対立構造になったのです。

「日本画」とは、この頃、洋画との対比で誕生した、考えてつくられた概念（言葉）ですが、何をもって「日本画」とするのか、その境界線はあいまいで、今もなお議論が続いています。しかし、それまで「日本画」などという概念を持たなかった日本が、圧倒的に流入する西洋美術に対抗して、「日本美術」あるいは「日本画」を意識的に組織されていきました。私たちが今使う「日本画」という概念は、この時代に生まれたものであり、それ以前にはなかったものです。そういう意味で、以降、日本画は「日本」というイメージを強く反映したものになっていきます。

第 2 章

知的教養を育てる日本美術読み解き

平安時代後期から室町時代まで

平安時代後期を読み解く

Point

❶国風文化の象徴ともいえる「貴族文化」の始まり

❷かな文字や引目《ひきめ》鉤鼻《かぎばな》など、ゆるやかな線で表現される日本の独自性

❸エンターテインメント性と芸術性を兼ね備えた絵巻物が盛んに作られた

《源氏物語絵巻》

――作者不詳

一二世紀　絵巻　五島美術館（東京）

国宝

■日本最古の宮廷スキャンダル絵巻

紫式部が一一世紀に創作した『源氏物語』をテーマにした絵画は、平安時代から現代に至るまで、様々な作家によって描かれてきました。その中で最も古いのが、平安時代末期に描かれた、この《源氏物語絵巻》です。

この作品は、物語の誕生から一世紀後の一二世紀前半に描かれたとされています。一一～一二世紀の西洋美術といえば、ヨーロッパでは教会の天井や

撮影：名鏡勝朗

壁に聖書や聖人伝を題材とした説話的な宗教画が描かれていた時代。そんな時代に、平安貴族のスキャンダラスな恋愛や権力闘争などを、きわめて高価だった和紙と絵具を使って全一〇巻とも推測される絵巻物を描いたのです。日本美術は、なんと大胆なところから始まっているのでしょうか。

　西洋人が見て驚くのは、屋根も天井もとりはずした状態で部屋の中の様子が、見下ろすように描かれた構図です。これは「吹抜《ふきぬけ》屋台《やたい》」と呼ばれる日本ならではの手法。源氏物語のような男女関係の物語では、まるで逢瀬をこっそり覗き見るような効果があったはずです。

現代の展覧会などで、絵巻物はすべて開いた状態で展示されますが、本来は映画フィルムのように、左手で肩幅ほどの長さまで広げ、右手で巻きながら鑑賞するものでした。次にどんな展開が待っているのか、読者も宮廷のサロンで、ドキドキしながら巻物を開いていたのではないでしょうか。

この絵巻の作者については、江戸時代の鑑定士によって平安時代後期の絵師、藤原《ふじわら》隆能《たかよし》とされ、以来「隆能源氏」と呼ばれてきました。しかし、昭和以降の研究によって、絵の様式に違いがあることがわかり、一人の手ではなく、少なくとも四人の異なった人物によって、描かれた可能性が指摘されるようになっています。

しかし、このひとりこっそり見る見方といい、スキャンダラスな内容といい、なんとプライベートな視点で制作されていることでしょう。多くの人々のために制作された教会を飾る、西洋の宗教画がもつパブリックな役割とは全く異なります。

日本独自の国風文化を育む

第1章でも述べたように、平安時代後期には、遣唐使が廃止されたことで、大陸からの文化の流入が途絶え、日本特有の国風文化が形成されていきました。

国風文化は、日本風の貴族文化のこと。画期的だったのが、漢字をやわらかく崩した、表音文字である「かな文字」の発明です。この「かな文字」の発明により国文学は大きく発展し、藤原氏が政治の中心だった時代、清少納言や紫式部といった優れた女流作家が続々と台頭してきました。

その後の院政期に描かれたのが、流麗な「かな文字」と、中国風の「唐絵」とは一線を画した初期の大和絵で描かれた《源氏物語絵巻》です。

大和絵とは、唐絵・漢画《かんが》に対して使われる言葉で、鎌倉後期に「平安時代以来の伝統的な様式による絵画の総称」と定義されました。

日本の自然や風俗をやわらかな線と華やかな色で描くのが特徴で、《源氏物語絵巻》の登場人物の細い目、鉤のような鼻を表した「引目鉤鼻《ひきめかぎばな》」も大和絵ならではの表現方法です。

この時代の「美」の特徴は、女性の感性に訴える、美しい色彩とやわらかく穏やかな造形の組み合わせによる、調和のとれた優美さにあります。

■「外」と「中」の境界が曖昧な日本美術

中国文化から距離を置き、独自の発展を遂げた国風文化の時代から読みとれる日本人の美意識とは、どういうものなのでしょうか。

そのヒントは、私が館長を務めていた金沢21世紀美術館の設計デザインを手がけてくれた、西沢立衛さんの言葉にあるかも知れません。

西沢さんによれば西洋建築に比べ、日本建築は外と中の区別がきわめてあいまいなのだそうです。

たとえば奈良の唐招提寺。奈良時代に建立された天平の遺風を現在に伝えるこの寺に近づこうとすると、まず遠くから屋根が見える。そこからどんどん近づくうちに、やがてある場所で屋根が見えなくなり、かわりに軒裏が見えてくる。その時点ではまだ建物の外にいるわけですが、この視界の変化によって、訪問者は建築の領域に入ったことを意識させられます。

さらに進み、軒下に入ると、まだ本堂に足を踏み入れていないにもかかわらず、さきほどより建築の中にいる感覚が増したように感じられるのです。

このように、外からいきなり中に入るのではなく、中間領域を経て徐々に中に入っていくアプローチは、西洋人にはない、日本人特有の空間意識だと西沢さんはいいます。

そういえば日本の建築は軒だけでなく、内か外かが曖昧《あいまい》な、庭や縁側のような中間領域があります。そしてそのような中間領域を通して、内と外が自然につながっているのです。屋内の仕切りも襖や障子といった可動式。開け放つことで季節や時間の変化を家の中にいても楽しめます。

部屋を茶の間、仏間、居間と「間」と呼ぶのもそうでしょう。日本人にとって部屋はあくまで「間（あいだ）」であり、それぞれが分断されたものではないのです。西洋では内と外が二元論的に分けられますが、**日本では縁側のような、部屋でもなければ、外でもない場所があり、そこにぼうっと座っていると、なんだか落ち着きます。**それもある種の日本人の精神性の表れなのでしょう。

私たちは常に自然とともにあろうとしてきました。そうした自然観が、日本美術の底流に流れているのではないでしょうか。

そのうえで、今一度、《源氏物語絵巻》を眺めてみましょう。屋根も天井も省略した吹抜屋台の表現は、まさしく「外」と「中」があいまいな日本人の自然観が表れたものに見えてきます。

《鳥獣人物戯画》

——作者不詳

一二世紀～一三世紀頃　絵巻　髙山寺（京都）

国宝

■ユーモラスに人間界を動物が演じる

ウサギとカエルの相撲、サルが読経など空想的な様子を墨だけで生き生きと描く、国宝の絵巻、《鳥獣人物戯画》。この独特のタッチは、教科書などで、誰もが一度は目にしたことがあるはずです。

髙山寺に保存されている絵巻は、全部で甲乙丙丁の四巻。擬人化されたウサギやカエルが躍動する有名な巻物は、そのうちの甲巻に描かれたものです。

ちなみに乙巻は、麒麟《きりん》や犀《さい》といった空想上の生き物や

実在の生き物を合わせた動物図譜で、丙巻は、前半が人間の営みを描いた風俗画、後半が動物戯画となっていて、丁巻では、人々が双六や囲碁などの勝負事に興じる姿が描かれています。

本作は日本美術史上、最初にして最高のエンターテインメントとされ、ユーモアあふれる世界観は「漫画の元祖」とも言われます。《源氏物語絵巻》のような物語のワンシーンの積み重ねとは異なり、絵巻の右から左に向かってストーリーがどんどん展開していくことが、漫画の元祖と言われるゆえん。**動きを表すための効果線が引かれていたり、話していることを表すのに、口元から線が引かれたりしているところも漫画的な手法です。**

漫画の神様、手塚治虫さんが一九八二年に出演したテレビ番組で、「鳥獣人物戯画を全部初めて見たとき、漫画って進歩しているのか、数百年前にもう全部やられているんじゃないかと衝撃を受けた」と語っていました。

確かに約八〇〇年も前に描かれたとは信じられないほどの完成度で、描かれているキャラクターも現代に通用するレベルで洗練されています。そのためか、現代でもこれらをあしらったグッズは人気を博しています。

現代の漫画と異なる最大の点は、登場人物のセリフがないこと。《鳥獣人物戯画》には絵巻物につきものの詞書《ことばがき》（説明文）もありません。しかし動物たちが表情豊かに描かれているため、登場人物たちのセリフも、見る人それぞれの脳裏に自然と浮かんでくるようです。

この作品を見て楽しむ機会に恵まれたなら、ぜひ線の描写を近くで観察してください。動物の動きを巧みに、線の太さやかすれ、筆の止めや抜き、濃淡などを活かして表現していることがわかります。筆を使って迫真的な描写をする劇画のタッチにも通じる筆さばきです。

こうして墨の筆線を主体にして描かれた絵画は、白描画《はくびょうが》と呼ばれます。中国から伝わった手法で、**意識的に彩色を排除することで、墨線のもつ芸術性を活かして対象を表現します。**

ちなみに白描画は、あくまで墨の線だけで描かれるもの。墨の面的な表現も駆使して描かれる「水墨画」とは区別されています。

■様々な謎に満ちた国宝《鳥獣人物戯画》

これほど有名な作品にもかかわらず、この作品は多くの謎に包まれています。

まずは作者の謎。そのユニークな画風から、平安時代後期の高僧で、当代随一の絵の腕前を持っていた鳥羽僧正覚猷の作とする説が長い間、通説とされてきましたが、確たる証拠はありません。

また四巻は、それぞれ描かれた時期と筆運びが異なるといった指摘もあります。いずれにしても、これら四巻は平安末期から鎌倉前期にかけての優れた画僧、あるいは寺院関係の絵師によって描かれたものでしょう。

この絵巻には、前述したように詞書がないため、描かれた目的も不明です。**当時の絵巻は、時の権力者が自らの権威を世に示すため、最高の絵師に最高の紙や絵具を与えて描かせることが多かったようですが、《鳥獣人物戯画》が描かれた和紙は粗末な日用品レベルのものでした。**

ですから《鳥獣人物戯画》は、絵師が自分の趣味として遊び心で描いたものではないかとも考えられています。のびのびとした描線もそのためかもしれません。

動物と人間が自然に入れ替わるような展開は、仏教的世界観ともいえなくもないですが、なんと自由な解釈でしょう。

現存する甲巻が、当時のままの姿を留めているものかどうかも、疑問視されています。展開していくストーリーに、つながりがなく飛躍がある場面があるからです。

どうやら江戸初期の修復の際に、順番が入れ替わったり、欠損した部分を無視して貼り合わせたりした可能性があるようで、欠損した部分の断簡や模本から、本来の姿を探る研究が、今なお続いています。

■擬人化・漫画の元祖

《鳥獣人物戯画》の甲巻では、擬人化された様々な動物が登場しますが、**セリフがなくてもウサギはお調子者でおっちょこちょい、カエルは真面目な熱血漢、サルはずるがしこい存在として描かれています。**つまりキャラが立っているのです。このことも漫画の元祖とされる理由の一つです。

作家は、動物たちを擬人化することで、何を表現しているのでしょうか。その解釈には諸説があります。サルが読経をしている場面から、当時の仏教や世情を風刺しているといった説や、ウサギとカエルの戦いを源氏と平氏の争いに見立てているとする指摘もあります。ですがこれも本当のところは不明です。

動物の擬人化には、動物も人間も、自然界においてかけがえのない存在であると考える、当時の人々の自然観を表しているとの解釈もあります。

キリスト教では、神の形に作られた人間と、そうではない動物たちを明確に区別しています。

それに対して**輪廻思想のある仏教では、動物として来世を送ることもあることなどから、動物を含めたあらゆる生命を区別なく扱うよう説いています。**《鳥獣人物戯画》も、そうした仏教観から生まれたものなのかもしれません。

《信貴山縁起絵巻》——作者不詳

一二世紀　絵巻　朝護孫子寺（奈良）

国宝

■平安時代の奇想天外な空想物語

大阪と奈良の間にある生駒山の南端、そこに六世紀末に聖徳太子が開山したと伝えられる信貴山朝護孫子寺はあります。この寺の中興の祖となった修行僧が命蓮《みょうれん》で、その法力のすごさを物語仕立てで伝えるのが、この《信貴山縁起絵巻《しぎさんえんぎえまき》》です。

縁起絵巻といえば、一般的には社寺の造立や、その祭神や本尊の造像に関する由来を題材として描いたものですが、この絵巻は、命蓮の法力がいかに驚くべきものだったかを伝えるもので、「飛倉《とびくら》の巻」「延喜加持《えんきかじ》の巻」「尼公《にこう》の巻」の三巻からなっています。

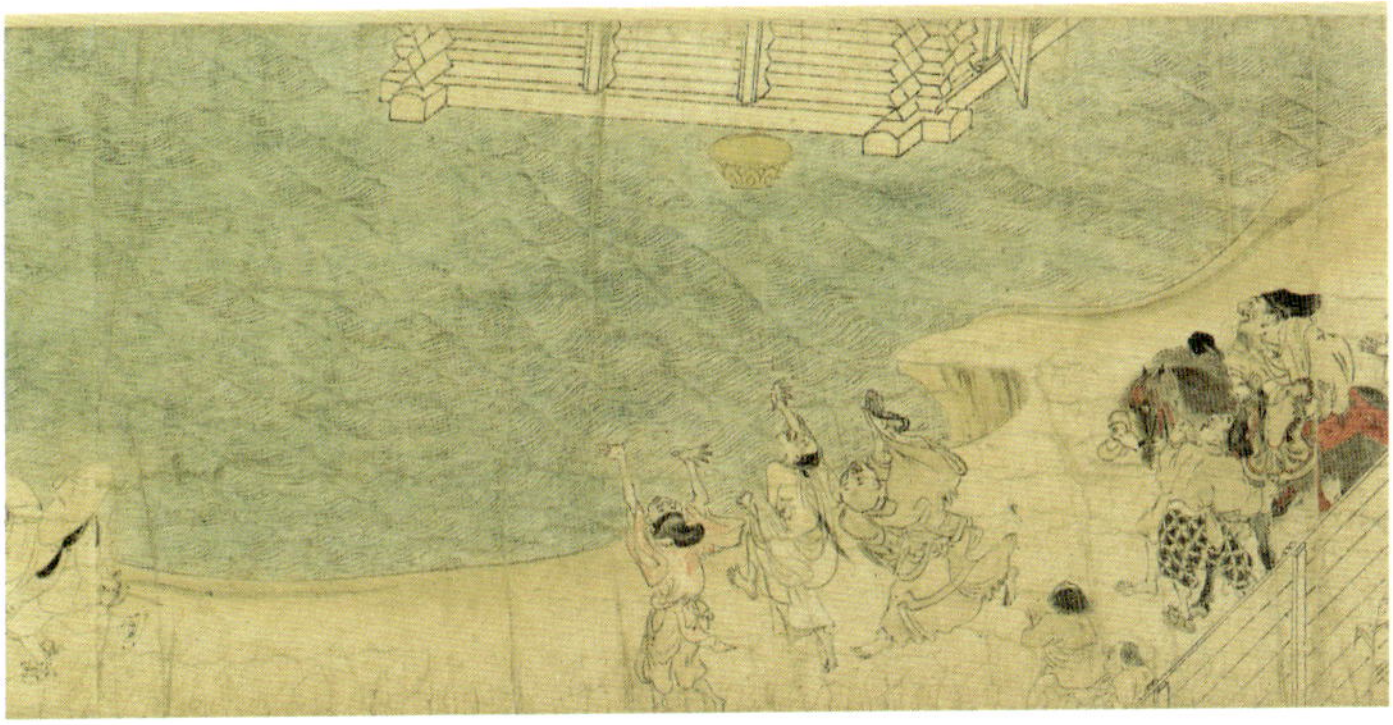

どれほど命蓮の法力がすごかったのか、掲載した絵巻の一場面をもとに紹介していきましょう。これは「飛倉の巻」の冒頭、金色の鉄鉢が、ある長者の米倉を持ち上げているシーン。命蓮が托鉢のため、法力で飛ばした鉄鉢を長者が無視したため、法力の宿った鉄鉢が米倉ごと宙に浮かせ、命蓮のもとに届けようとしている場面を描いているのです。

それを見上げて驚く人々の表情も、オーバーリアクションといえるほど、生き生きと描かれていて、実に臨場感のあるシーンとなっています。

その後、米倉は鉄鉢によって、山の頂にある小さな寺にいる命蓮のもとに運ばれるのですが、必死に追ってきた長者たちは、なんとか返してほしいと命蓮に懇願。そこで命蓮がふたたび法力で、米倉を長者の屋敷へ返してやるという筋立てです。

ちなみに第二巻の「延喜加持の巻」は、命蓮が剣の護法という童子を飛ばして，信貴山にいながら、遠く離れた都にいる帝の病を治癒する物語で、第三巻の「尼公の巻」は、弟の命蓮をたずね、信濃を発った尼公が、東大寺の大仏の夢のお告げにより命蓮と再会するストーリーとなっています。

実際に絵巻を開きながら眺めると、まるでアニメーションを見ているかのように物語世界に引きこまれます。このあたりは画力がものをいいます。まさに絵空事に命を吹き込んでいるのです。

国宝ですから、実際に手に取る機会は滅多にありません。ですが、絵巻を右から左に向けて接写した動画を見ると、それに近い感覚を味わうことができます。それはまさしく、アニメーションを見ている感覚です。

圧巻は、第二巻の「延喜加持の巻」で、童子が命蓮の法力によって、天駆けながら信貴山から宮中へと向かう場面。このとき童子は、左から右へと空中を移動するのですが、左手で巻物を開きながら、絵巻を見た人は、まるで映画のスクリーンの左側から、童子がフレームインしてきたかのように感じます。つまり読者は「来た！」といった臨場感を得ることができるわけです。

《信貴山縁起絵巻》は、大胆な展開で視聴者を飽きさせない、大人から子どもまでが楽しめるファンタジーともいえるかもしれません。当時のお寺に参拝して、この絵巻を眺めた人々は、斬新でダイナミックな展開に興奮し、さぞかし息を飲んだことでしょう。

■ジブリ高畑監督も絶賛

この《信貴山縁起絵巻》の大ファンだったのが、宮崎駿さんらとともにスタジオジブリを設立し、「風の谷のナウシカ」をプロデュースした高畑勲さんでした。

高畑さんは、「なぜ日本のアニメがここまで盛んなのか」といった問いに対し、次のように述べています。

「理由はいろいろと考えられますが、そのなかにひとつ、日本人自身もあまり意識していないことがあります。それは、日本でマンガやアニメのようなものが好まれたのは今にはじまったことではなく、ずっと昔からだったという事実です。たとえば、すでに一二世紀の後半にはすばらしい絵巻物が生まれています。（中略）この巻物を少しずつ繰りひろげながら見ていくと、まるでアニメのように人物たちが生き生きと動き、物語が進んで行くのです」

高畑さんはそういって、《信貴山縁起絵巻》のことを「さながらSF映画を見ているようだ」と述べています。

実際に高畑監督は、アニメーション映画『かぐや姫』を、絵巻の手法にのっとって作ったそうです。**その登場人物や風景の描写の多くは黒い輪郭線と色彩だけ。細部の描写はなく、省略や余白も多くあります。**これは日本美術伝統の手法といえます。

前項では《鳥獣人物戯画》を「最古の漫画」と紹介しましたが、この時代を代表するもう一方の国宝《信貴山縁起絵巻》には、現代のアニメに通じる二次元的で映像的な臨場感があるのです。

■西洋美術にはない視点の移動

西洋では、一定の枠の中に一つの完結した世界を封じこめる絵画が好まれますが、**日本では空間的にも時間的にも連続して展開する絵巻が好まれました。**

絵巻では、作者のみならず読者の視点も、常に移動し続けます。視点を移動させたほうが、**対象物の在り方をきちんと伝えられるのであれば、作者は自由に視点を移動させる。**それが日本美術の特徴の一つです。

たとえば一六世紀初頭から江戸にかけて数多く描かれた、《洛中洛外図屏風《らくちゅうらくがいずびょうぶ》》は、移動する視点で描かれた典型的なものです。この屏風絵のシリーズは、京都の市街と郊外の景観や建造物、四季の風景や庶民の風俗を描いたものですが、まるでドローンで京都上空を移動しながら町の様子を撮影しているかのような視点でパノラマ的に描かれています。

仮にどこかに高台があったとして、京都の町を一点透視法などの遠近法で描いたとしたら、ここまで多くの情報を絵の中に詰め込むことはできません。視点の移動があるからこそ細密な描写が可能になり、洛外にいる人の様子も、洛中にいる人の様子も、同じように生き生きと鑑賞者に伝わるのです。

よく西洋美術に比べて、日本美術はリアリティに欠けるといった指摘がありますが、この場合、リアルに対象物の様子が伝わるのは日本美術のほうであることはいうまでもありません。

鎌倉・南北朝時代を読み解く

Point

❶仏の教えの力が衰え、世が乱れるという「末法思想」が広がる

❷武士の台頭により、肉体をはっきりと描いたり、彫ったりする写実的表現が徐々に始まる

❸「頂相《ちんぞう》」「似絵《にせえ》」など、いわゆる肖像画が発達

《地獄草紙》——作者不詳

一二世紀　絵巻　東京国立博物館（東京）

国宝

■信じる神も仏もない時代の象徴

この絵巻物は、四巻が現存していて、これはそのうちの一巻、東京国立博物館に収蔵されている《地獄草紙》の一シーンで「雲火霧処地獄《うんかむしょじごく》」の様子を描いたものです。雲火霧処は、殺生、窃盗、邪淫などの罪を犯した人が落ちる地獄。そのような行いをした男女が、地獄の獄吏によって猛烈な炎の中に突き出される様子が描かれています。**ダイナミックな火炎の描写は、細部まで精緻を極めており、鎌倉時代を代表する名作に数えられています。**

東京国立博物館の《地獄草紙》は、後白河法皇が制作させた「六道絵」の一部で

Image：TNM Image Archives

あったとする説があります。六道とは仏教哲学の世界観を表し、最下層から、地獄道、餓鬼道、畜生道、阿修羅道、人道、天道の六つの世界。人は極楽往生できない限り、この六道を永遠に輪廻しなければならないとされています。とくに人々を恐れさせたのが最下層で、焦熱《しょうねつ》地獄、阿鼻《あび》地獄、叫喚《きょうかん》地獄といった、文字通り地獄の責め苦に苛まれる世界でした。

この「雲火霧処」は焦熱地獄の一つ。豆粒ほどの火を地上に持って来ただけでも地上のすべてが一瞬で焼き尽くされるほど熱く、そこに行けば、燃え尽きては蘇生し、再び投げ入れられて焼かれることを延々と繰り返すとされました。

この時期、盛んにこのような地獄絵が描かれたのには理由がありました。

一つは、当時が末法の世だと信じられていたこと。末法思想は、平安中期から流行した仏教歴史観で、釈迦の死後二〇〇〇年が経過すると、仏法がおとろえて世が乱れるとされる思想。日本では一〇五二年から、その時代に入るとされていました。

もう一つは当時、天災や飢饉が相次いで起きていたことです。鴨長明の『方丈記』によれば、実際に平安時代末期から鎌倉時代初期にかけては安元の大火(一一七七年五月)、治承の竜巻(一一八〇年四月)、養和の飢饉(一一八一〜八二年)、元暦の地震(一一八五年八月)と、京都は立て続けに天災や飢饉に見舞われ疫病なども蔓延していたようです。さらに源平の合戦など騒乱も絶えず起きていました。

当時の絵には、そこかしこに腐乱した老若男女の遺体が転がり、それを餓鬼や犬が食べる様子も描かれています。この世に神も仏もない。そう人々は感じていたのではないでしょうか。

そんな中で台頭したのが、浄土宗でした。厭離穢土《おんりえど》（みにくいこの世を離れること）を説き、六道に輪廻する限り、その無常から解放されることがないことを説いた源信の『往生要集』は、たちまち貴族たちのベストセラーとなりました。背景に、死後、地獄に落ちることが、いかに恐ろしいことかをビジュアルでわからせる、地獄絵のショッキングな表現があったことも事実でしょう。

鬼気迫る火焔の見え方とパターンの継承

ここでは、この《地獄草紙》に描かれた炎に注目してみましょう。平面的でありながらもうねうねと生物のようにくねる曲線で、いかにも不気味に火が燃えさかっている姿が表現され、厳しい現実を克服する夢やビジョンも強烈な世界として描かれます。

炎は水や土、風などと同様に物質であると同時に、形を変える不思議な霊的存在です。古くは中国の五行思想にも登場する基本的な世界の構成物です。また、広く流布していた仏教でも重要なモチーフです。

実は、平安初期から密教仏画で描かれてきた不動明王を描くときに必ずといっていいほど背後に描かれてきたモチーフです。不動明王の炎は、人々の煩悩を焼き払う聖なる存在です。炎は、私たちの立場によって敵にも味方にもなる畏敬の念を抱かせるものなのです。実際に「雲火霧」図の炎と、不動明王が背負った火炎後背の描法が似ていることを指摘する専門家もいます。

この頃になると、「燃えさかる炎」をどう描くかは、仏画の火焔表現を基礎として、絵師の間でパターン化され、継承されていたのかもしれません。

この「パターンの継承」も日本美術の特徴の一つといえます。日本画では、一九二五年に速水御舟《はやみぎょしゅう》が、仏画の火焔表現自体を中心主題とした作品《炎舞》で、時代を大きく超えてそれを踏襲しています。

継承され定型化された表現は、そこに至るまでに単純化されながらも、次第に対象物固有の本質に迫るまでに洗練化され、結晶化されていきます。また作者がその時代の感性に合わせてパターンをアレンジすることで深化もするのです。

現代に生きる私たちは、映像に目が慣れてしまっているため、この《地獄草紙》に描かれた炎をリアルには感じないかも知れません。しかし、**炎の本質に迫ったこの絵は、当時の人々の目に、リアルな地獄の業火として、映ったに違いありません。**

そもそも、当時は薄暗い屋敷や寺の中で、ちろちろと揺れ動くろうそくのかすかな灯の下で見ていました。明暗の変化する部屋の中でまるで動いて見える炎は、さぞ鬼気迫るものだったに違いありません。

■他の美術と対照的な「ほろびやすさ」の美学

「祇園精舎の鐘の声、諸行無常の響きあり」。平家物語がそう巻頭でうたっているように、平安初期から鎌倉時代にかけて末法思想と争乱の世相を反映した無常観が、時代の気分として人々に広く受け入れられました。

日本文化研究の第一人者、ドナルド・キーンは、『日本人の美意識』（中公文庫）の中で、日本人の美意識の根底に流れているものの一つとして「ほろびやすさ」を挙げています。散る桜、うつろいゆく四季、そうした常ならざるものに、はかない美しさを感じ、ときには滅びそのものにさえ、日本人は美を感じるというのです。

すべてのものは常ならず。永遠なるものを美と考える西洋美術や中国美術と対照的な、この無常観は、日本人の美意識を語るうえで、欠かせないキーワードの一つになるでしょう。

《一遍聖絵》——円伊

一三世紀　絵巻　清浄光寺（神奈川）

国宝

■京都タワーの高さとほぼ同じ長さの一大絵巻

鎌倉時代の僧で、時宗の開祖である一遍の生涯を、絵と詞書で描いたのが国宝《一《いっ》遍《ぺん》聖《ひじり》絵《え》》です。

全一二巻。縦約三八センチで、一二巻すべてを広げると、長さは約一三〇メートルにも及びます。京都駅前からすぐみえる「京都タワー」が一三一メートルですから、その膨大な長さがわかるでしょう。

描いてあるのは、一遍の生い

立ちから、全国を遊行しながら時宗を広め、五〇歳で亡くなるまでの全生涯。遊行とは、布教や修行のために諸国を巡り歩くことで、一遍はなんと、北は奥州平泉、南は太宰府、さらには鹿児島神宮まで行脚して布教していました。

　一遍の生涯の旅をドラマチックに描き切っているだけでなく、行く先々の風景や建築、そして市井の人たちの暮らしぶりをリアルに描写しています。**宗教的な絵巻であるとともに、鎌倉時代の日本の風景、風俗、人物を描いた第一級の史料として**

国宝となっています。

掲載した場面は、京都での布教活動を描いたもの。時宗の祖、一遍といえば太鼓などを打ち鳴らしながら念仏を唱える、踊り念仏で有名ですが、これはまさに中央の舞台のような場所で大勢の僧が、踊りながら念仏を唱えている様子を描いています。

時宗は、念仏を唱えることで阿弥陀仏の救済を受け、極楽浄土に往生できると説く浄土宗の系統に属しますが、人々は踊りながら念仏を唱えることで忘我の境地、一種のトランス状態となり、仏とつながることができると思ったのではないでしょうか。

実際に、一遍の踊り念仏には、貴賤や老若男女の区別なく多くの人が押しかけたといわれています。

この絵でも倒れた牛車の車輪が複数描かれていますが、これは我先にとやってきた貴族たちの乗りもの。そのような高貴な人々だけでなく、《一遍聖絵》には、痩せて半裸の貧しい人々や、寺の縁の下に寝そべる無宿者、病人といった社会的弱者の表情や衣服、食事風景までが描かれているのが特徴的です。

この絵巻ではすべての場面で、人物は小さく描かれていて、背景の寺社や山水の描写に大きな比重が置かれています。そのため一遍の活動記録でありながら、優れた風景画であり名所絵のような側面も持っています。平安時代の絵と違い、リアリズムの時代らしい表現です。

風景描写は、平安時代の国風文化で発達した大和絵の技法を基調としながらも、山水の構図には、新たなリアルさをもった中国の宋画の影響も見られます。空気遠近法のような立体感、樹木や岩石などの写実的な描法は、この時代に、大和絵と中国絵画の技法の融合が進められたことを物語るものです。

奇跡を描かなかった円伊

この絵巻は、一遍の没後一〇年に、異母弟といわれる聖戒が一遍の生涯の言動を記録に留めておきたいと画僧、円伊に命じて作成されたもの。円伊はわざわざ一遍が遊行した足跡を現地に赴いて再確認したうえで、これを描いたといわれています。

円伊は、よくある宗教的な奇跡をほとんど描くことがありませんでした。一遍でさえも控えめに描かれていて、風俗や風景の描写、名所絵的な要素が強くなっています。

第1章でも述べましたが、鎌倉時代は日本美術に写実主義が芽生えた時代でした。画僧である円伊も、そうした時代の空気を感じ取っていたのかも知れません。

この作品は、絹地に描かれ、文章の部分の下地は赤や黄、緑などの色がつけられ、手の込んだ仕上がりになっています。

当時の絹布と高級な漉き紙、そのどちらがより高価だったのかは今となってはわかりませんが、かなりの予算と労力をかけて制作にあたったことは間違いありません。

では一体なぜ、そこまでして、この絵巻を作ろうとしたのでしょうか。

その理由を一遍の後継者争いに求める説があります。

一遍自身は、寺も教団も残すことなく、死期を悟ると経典も燃やして潔くこの世を去りましたが、死後には一遍の弟子達が、異母弟の聖戒の「六条派」と「遊行派」に分裂してしまいました。

そこで聖戒が自らの正統性を担保するものとして、円伊とともに聖絵を作ったとする説です。ただ、そうであるならば、もっと一遍を神格化してもよさそうなものですが、前述したように円伊はそうはしませんでした。記録も残っていないため、円伊がこの絵巻を制作した理由は謎のままです。

■大衆化した鎌倉新仏教の台頭と《一遍聖絵》

当時は時宗だけでなく、仏教の新たな宗派が続々と生まれていた時代でした。新しい宗派としては、浄土教系の浄土宗、浄土真宗、時宗があり、中国からもたらされた禅宗には臨済宗と曹洞宗がありました。天台系の改革運動からは日蓮宗が興り、奈良仏教や天台宗・真言宗など旧仏教の復興および改革も盛んで、新たに真言律宗が興っています。

これらの新たな動きは、それまで国家や貴族のための仏教であったものが、新興階級である武士、商人や職人、農民といった庶民の信仰する仏教へと大衆化したことを物語るものです。

鎌倉新仏教の台頭は、キリスト教でプロテスタント運動が始まった、一六世紀ヨーロッパの宗教改革にもたとえられます。

プロテスタントが、宗教画をあまり描かなかったように、**浄土宗系の新仏教では、ひたすら念仏を唱えることや、坐禅を組むことが重視され、仏像の造立などの仏教美術を重視しませんでした。**

そのため、この時期を境として、仏像彫刻造立は、その後、勢いを失っていくことになります。

《明恵上人樹上坐禅像》――成忍

一三世紀　紙本著色　高山寺（京都）

国宝

■自然と一体となった高僧・明恵

鎌倉時代は、優れた肖像画が我が国で数多く描かれ始めた時代でした。正確にいえば平安末期からですが、この時代に描かれ始めた肖像画には、大きく分けて二つの種類があります。

一つは中国・宋の影響を受けた「頂相《ちんぞう》」、もう一つが大和絵の流れを汲みながら貴人を描いた「似絵《にせえ》」です。

まずは頂相について説明しましょう。頂相は、禅宗の高僧を描いたもの。禅宗では言葉や経典ではなく、弟子は師が与える厳しい修練を通じて悟りに至ることを要求さ

第 2 章
知的教養を育てる日本美術読み解き
平安時代後期から室町時代まで

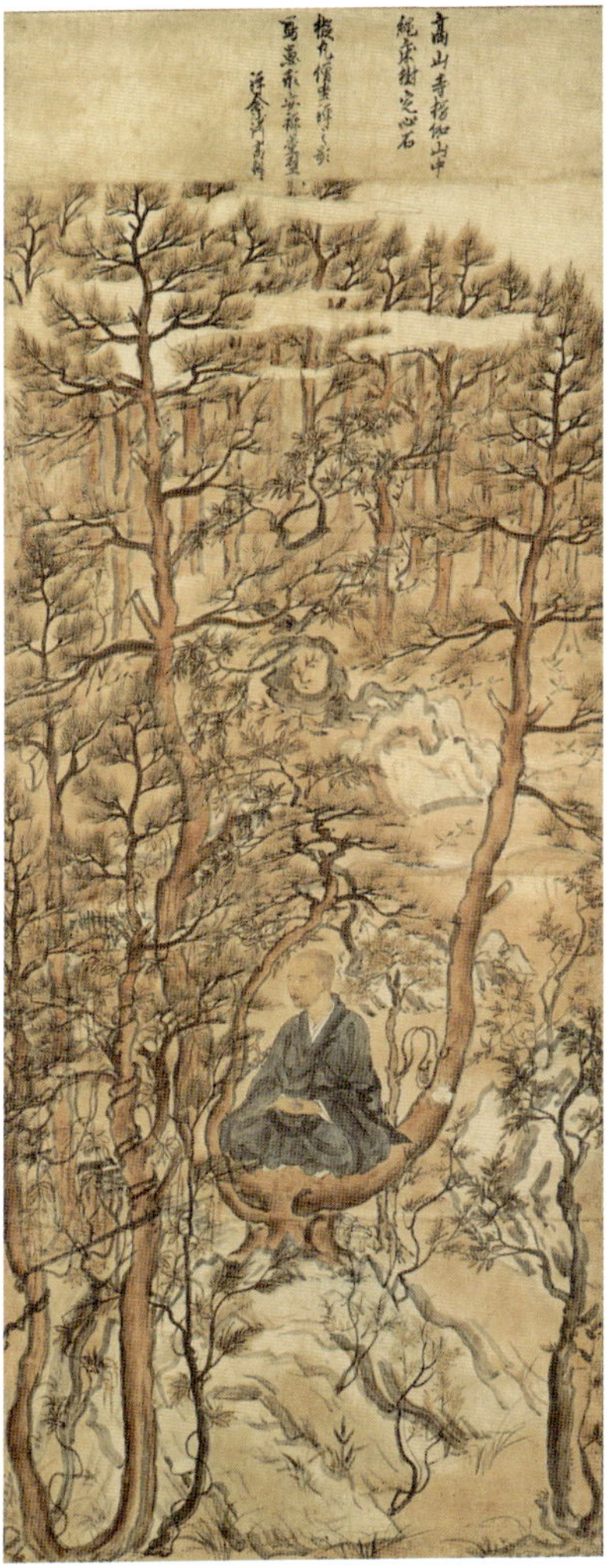

れます。
そして弟子は、賛《さん》（絵に添える言葉）の入った師の肖像画をもらうことで師に認められた証としていました。その肖像画は師そのもの。そのため師の人となりを写実的に描いた肖像画が描かれたのです。ただし、その大半は、椅子に座った全身像を描くといった、宋から伝わった形式的な肖像画で、あまり絵画的に面白いものはありません。

そんな中で一際ユニークなのが、この国宝《明恵上人樹上坐禅像《みょうえしょうにんじゅじょうざぜんぞう》》です。霞に煙る松林の中、大きく二つに枝分かれした松の古木で座禅を組んでいるのが明恵上人で、薄目を明けた穏やかで優しい表情で描かれています。

頂相にしては人物が小さく、他と比べて権威を見せつけるような描かれ方でもありません。構図も大胆で、同じような形の松を繰り返し置くことで空間の奥行きを表現しているのもモダンな印象です。**よく見ると小鳥やリスなども配されており、明恵が周囲の自然と一体となっているイメージが伝わってきます。**

まさに明恵が弟子たちに伝えた宗教観、世界観そのままを表現した絵です。形式化した頂相画とは一線を画す、まさに師の教えを伝える頂相画の本質を表現した絵画です。

■ゴッホのように耳を落とした明恵

この絵の主人公、明恵は華厳宗中興の祖と称される高僧で、あの《鳥獣人物戯画》を所蔵する京都・高山寺を開いた人物です。

明恵は、鎌倉新仏教から見れば旧仏教とされる華厳密教を基礎としながらも臨済宗の開祖、栄西とも親交があり、明恵に惚れ込んだ栄西から後継者になってほしいと頼まれたとされる逸話も残されています。

ちなみに栄西が宋から持ち帰った茶の種を、明恵が高山寺境内で栽培した場所が、日本で初めての茶畑となり、そこから宇治や静岡に広まったとされています。高山寺では現在も日本最古の茶畑で五月中旬に茶摘みが行われ、一年を通して参拝客に抹茶が振る舞われています。

明恵は実際に自然の中での座禅を好み、高山寺の裏山にある広大な松林の中、履物を脱いで木に登り、香炉と数珠を枝に掛け、小鳥の鳴声を聴きながら坐禅を組んでいたといいます。この絵を描いたとされる高弟の成忍は、**世俗から離れ、自然に溶け込**

むようにして日々を過ごす明恵を、いかにも高僧然と、斜に構える形式的な頂相ではなく、ありのままに描きたかったのではないでしょうか。

そんな明恵ですが、二〇代には、右耳を自ら切り落としたりもしています。それは周囲からその学識が認められ、傲慢になりつつあった自分を戒めるため、そして色欲などのすべての煩悩を取り去るためだったそうです。

明恵は「これでもう自分から人前に出なくなる。人目をはばかり、出世しようと奔走することもない。私は心が弱いので、こうでもしなければ道を誤ってしまう」と語っています。ゴッホは、アルルでのゴーギャンとの生活に行き詰まって自ら耳を落としました。動機は違えども、常識を逸脱した行為を行うのが天才です。明恵も一人の僧という以上に人間的、芸術的な影響を後年与えました。

室町時代を読み解く

Point

❶中国の影響が強くなるとともに、質素な禅の美術が発達

❷水墨画の中でも、自然を表現する山水画が多く描かれる

❸後期には能や茶道、作庭や立花など、近世美術が生まれていく

《瓢鮎図》——如拙

一五世紀　紙本墨画淡彩　退蔵院（京都）

国宝

■まるで大喜利のような水墨画の名作

墨の濃淡を駆使して表された、霧にかすんだ遠くの山々。国宝《瓢鮎図《ひょうねんず》》は、日本の水墨画の始祖といわれている禅僧、如拙《じょせつ》が、室町幕府四代将軍、足利義持《あしかがよしもち》の命を受けて描いたとされるものです。

この絵には、義持が如拙に「新しい様式」で書かせたと記されています。**その「新しい様式」が、中国・南宋風の深い空間の奥行きのある水墨画です。**

《瓢鮎図《ひょうねんず》》は、日本の初期水墨画の最高傑作で、予備知識なしに鑑賞するよりも、背景を知って観るほうが、何倍も楽しめる作品です。

第2章 知的教養を育てる日本美術読み解き
平安時代後期から室町時代まで

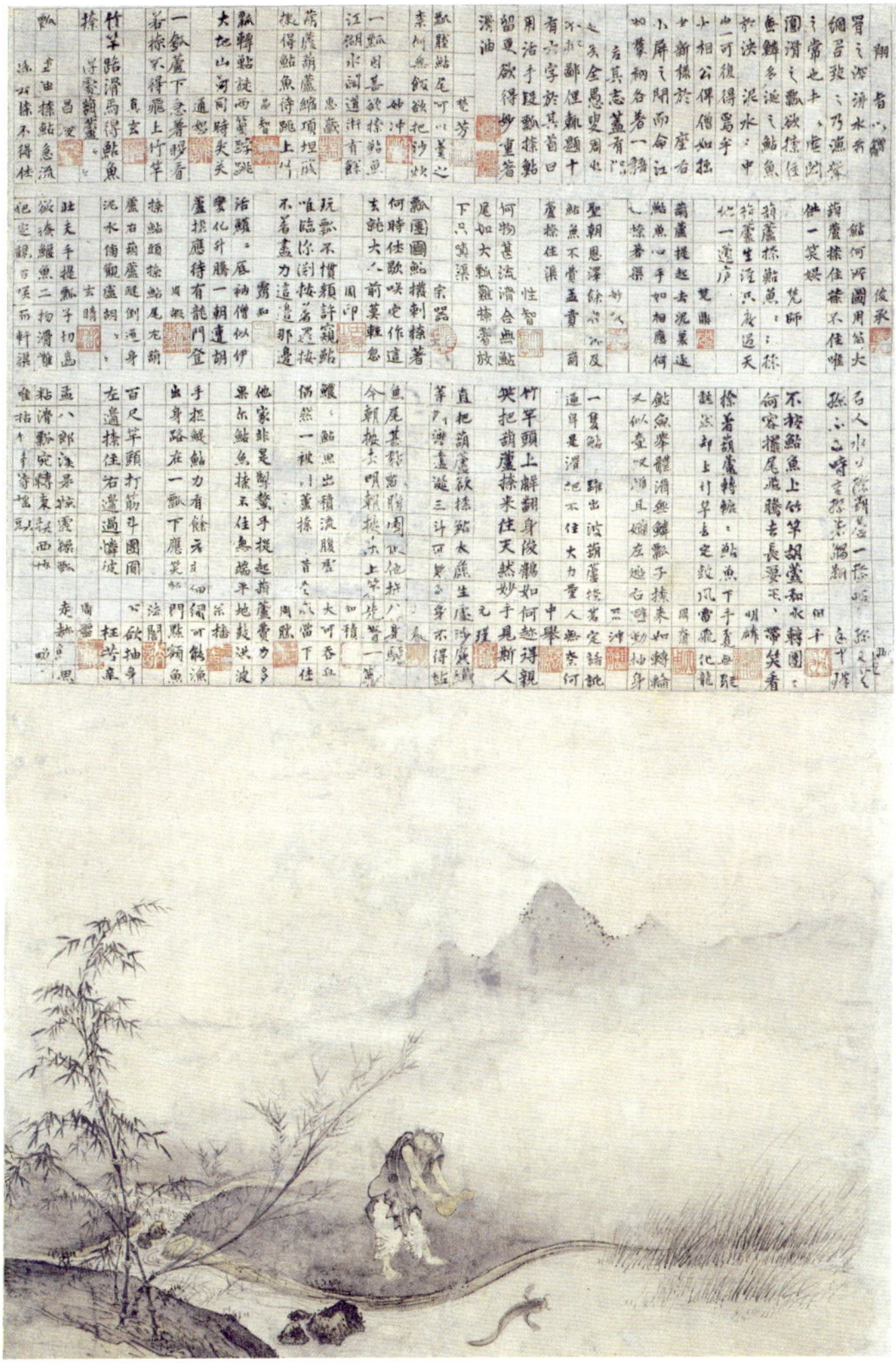

小川の畔《ほとり》に立つ男に注目してください。やわらかな線で丹念に描かれた周囲の風景に比べ、直線的で粗い筆致で描かれた男は、衣服も粗末で当時の庶民そのものです。男はなぜか瓢箪《ひょうたん》を手にして、その先の小川には、巨大な鮎（当時は「鮎」を「なまず」と読みました）が泳いでいます。この男は何をしているのか。その答えは絵の上の詩に記されていました。

実はこの絵は、「丸くすべすべした瓢箪で、ぬるぬるした鮎を抑え捕ることができるか」という義持が発した禅問答のようなテーマを、如拙が絵画化したもの。**絵の上には、そのお題と、それに答えた当時を代表する禅宗の高僧たち三一人の回答が書かれていました。**いわば連歌や大喜利のようなものです。

当時の最高の知性の持ち主だった禅僧たちは、この難題にどのように答えたのでしょうか。私たちにもわかりやすい回答を、今の言葉で挙げてみましょう。

周宗《しゅうそう》なる人の回答は「うまく捕まえたいなら、瓢箪に油を塗るとよい」でした。とぼけたのでしょう、「余計に、難しくなるよ」といったツッコミを待っているかのようです。他にも「瓢箪で鮎を抑えるのではない、鮎が瓢箪を抑えるのだ」といった禅問答のような哲学的な回答や、「鮎が尾を振りながら竹を登ってくるのを待てばよい」

といった答えも。これは中国に昔から伝わる、ことわざ「鮎、竹に登る（苦労して成功する）」を、参加者が共有している前提での回答です。

禅僧たちは、こうして故事や古典文学、仏典などの文言を用いたり、直前の回答に絡める連句などのテクニックを使ったりしながら、義持の問いに答えているのです。

遊び心に富んだなんとも知的なゲーム。**こうした催しものは、当時、将軍や公家、有力武将や高僧といった上流階級の人々が集った文化サロン「会所《かいしょ》」で行われました。**室町時代の会所は、上流階級の私的な交際や遊興の場で、屋敷の一部に設けられたり、廷内の一室に常設したり、独立した建物であったりします。

室町時代には、後に能と呼ばれる猿楽や、佗茶に発展する闘茶・回茶、連歌や華道の原型となる花合・花競など、現在まで続く日本文化が多く芽生えましたが、それらはすべて上流階級のサロンだった会所で生まれたものでした。

そんな会所のインテリアデザインを担うだけでなく、アートディレクションを行っていたのは「同朋衆《どうほうしゅう》」と呼ばれる人々でした。

東山文化の時代になると、彼らは阿弥号を持つ芸能や芸術のプロとして活躍し始めます。水墨画などの美術工芸品を鑑定・管理する能阿弥《のうあみ》、芸阿弥《げいあみ》、相阿弥《そうあみ》の三阿弥。立花の立阿弥《りゅうあみ》、猿楽の音阿弥《おんあみ》、茶道、香道の千阿弥《せんあみ》などです。**彼らが後々まで続く、**

芸道の確立に果たした役割はきわめて大きなものでした。

■黒一色で五彩を感じさせる奥深さ

足利将軍に抱えられた、これら同朋衆と、相国寺の画僧、如拙や周文らによって、室町時代の水墨画は全盛期を迎えます。

ここではそんな水墨画を楽しむための基本を述べておきましょう。

水墨画とは単に、墨一色で描かれた絵画ではなく、墨の肥瘦《ひそう》や濃淡、にじみやぼかし、かすれなどを表現の要素とした中国風の技法で描かれたもので、日本の美術史では、主に鎌倉時代以降のものを指します。

彩色が施されることもありますが、あくまでも墨が主役であれば、水墨画です。

水墨画は中国から伝わったもので、中国の水墨画にも様々な様式やテーマがありますが、日本でよく描かれたのが、山水画でした。山水画とは、その名の通り山や水（河川・湖）などの自然を題材とした絵画のテーマの一つです。

中国で山水画は、単なる写生的な風景画ではなく気韻生動《きいんせいどう》、つまり宇宙や自然の普遍的法則や根元的実在に迫ろうとするものでした。

しかし日本では、そうした真理に迫ることよりも、目に見える風景に作者の心象を重ねることを重視した風景画となっていきます。

水墨画の面白さは、やはりモノクロの世界にあるでしょう。西洋ではセザンヌ以降、絵画を構成するものは本質的に「色」と「形」であるとして、フォービズムやキュビスムが生まれました。しかし、水墨画には「色」の概念がありません。**「墨は五彩を兼ねる」として、モノクロームの世界でありながら、白と黒、そしてその中間にある無限のグレーの濃淡によって色彩を表現しようとするのです。**

それは色彩の抽象化といえるでしょう。実際に水墨画の名作の中には、じっくり眺めていると、無彩の中に驚くほど豊かな色彩が潜んで見えるものが数多くあります。

黒一色の濃淡を駆使して対象物の有形・無形を問わず、空気感や質感描写までこなして、まさに多彩に表現しなくてはならない。しかも油彩と異なり、書き直しのきかない、一発勝負の世界です。そうして描かれた線には、唯一無二、一期一会的な美しさも内包されています。そうした基本的な知識を持ったうえで、あらためて水墨画を鑑賞してみてください。見え方も変わってくるはずです。

《天橋立図》——雪舟

国宝

一六世紀初頭　紙本墨画淡彩　京都国立博物館（京都）

■国宝指定最多の画聖

日本で国宝に指定されている作品の数が最も多い画家が、雪舟です。現存する作品のうち六点が国宝に指定されているように、別格の高い評価を受けているのが雪舟の作品で、世界的にも有名です。近年は水墨画誕生の地、中国でも高い評価を受けているようです。

雪舟の真筆と確認されている作品は二〇数点で、その多くが中国から帰国した後の

五〇代から晩年にかけて描かれたといいます。中でも最晩年に描いた、この《天橋立《あまのはしだて》図《ず》》は水墨画史のハイライトといわれ、昭和九年に国宝指定されています。

畳一畳ほどの大きさの紙の中央に入り江を塞ぐように描かれているのが、約三・六キロにも及ぶ長大な砂州、天橋立。その先には、重量感のあるどっしりとした山々が屹立《きつりつ》しています。

霞に煙る山々の高みには、彩色が施された世野山成相寺が描かれ、麓には樹木の中に神社や仏閣が描かれています。**薄墨の広がりで表現された空や海、瑞々しい墨の濃淡と大胆かつ細やかな筆致、壮大な構図は雪舟の優れた画技の極致でしょう。**

荘厳な風景のパノラマが描かれている、この作品の前に立つと、一三〇〇年の歴史を持つ古刹三所が天橋立によってつながるこの場所の、聖なる風を感じるようです。

雪舟がこの作品を描いたのは文亀元年（一五〇一年）より後、八二歳以降であるとする説が有力です。八〇歳を超してなお旅をして実景を描いたとされ、**この光景は、ヘリコプターで上空八〇〇メートルから撮った天橋立とそっくりだといわれますが、天橋立を鳥の視点で眺められる場所は現地には存在しません。**

実際の景観に基づいて描かれているのは確かでしょうが、実景そのままを絵画化したわけではなく、俯瞰から捉えながら、雪舟が再構成したものと考えられます。

この絵を間近で観ると、筆遣いが荒々しく、一気呵成に仕上げた印象を受けます。寸法の違う二〇枚の紙を不規則に貼り合わせていること、描き直しの跡が認められること、画中に寺社名など二三ヶ所も書き込みがあることや、作者を明示するような落《らっ》款《かん》・印章がないことなどからも、スケッチを完成作と同じ大きさに組み合わせた、下絵であった可能性が高いとされます。

しかし、下絵ならではの独特の躍動感や、力強さが、かえってこの作品を魅力的なものにしているのです。

謎に包まれた雪舟の生涯

雪舟は、応永二七年（一四二〇年）、備中赤浜（現在の岡山県総社市）に生まれました。家督を継ぐ立場でなかったためか、幼くして近くの宝福寺に入れられ、禅僧の道を歩み始めます。そして一〇歳の頃、京都の相国寺に移り、《瓢鮎図》を書いた如拙に師事した周文から絵を学んだとされます。

その大胆な画風が、繊細さをよしとするアカデミー的な存在の相国寺で評価されなかったため、西国の有力大名だった山内氏の招きに応じて、都落ちすることを決断し、山口に拠点を移しました。

その後、応仁二年（一四六八年）、大内氏から遣明使に選ばれ、明へ渡航。約二年間、本格的な水墨画を学びました。明では京都で認められなかったダイナミックな画風が高い評価を得たようで、北京では明政府の建物に壁画を書いて、大いに評判になったといいます。

帰国した雪舟は自分流の作品を描き続け、長さ一一メートルに及ぶ大作《四季山水図》など、**日本の自然や四季の変化を荒々しく大胆な筆致で描き、独自の水墨画世界を確立していきました。**

やがて山口にいる雪舟の評判は、都にも届くほどになりました。そこには応仁の乱を経て戦国の世に突入していった、当時の時代背景も影響していました。力こそが正義とされる時代は、雪舟のパワフルな画風が合っていたのです。

その雪舟が八〇代になって描いたのが《天橋立図》。それは中国のものでも、それまでの日本のものでもない、雪舟が確立した日本独自の水墨画でした。

■モーツァルトと並ぶ評価

雪舟を巡っては、その才能を伝える、有名なエピソードが残されています。

現在の岡山県にある宝福寺に入った幼い日の雪舟が、絵ばかりを描いていて修行をおろそかにするため、寺の住職が仏堂の柱にしばりつけたところ、雪舟が床に落ちた涙を足の親指につけ、見事な鼠を描いたため住職が感心し、絵を描くことを許した、とするものです。

実はこの話、江戸時代に編纂された『本朝画史』（一六九三年）で初めて世に出た逸話で、創作されたものともいわれています。

編纂者は、室町時代中期から江戸時代末期まで、約四〇〇年にわたって画壇の中心にあった専門画家集団、狩野派の狩野永納でした。当時、一世を風靡した狩野派の絵師たちは、雪舟を師と仰ぐとともに、その後継を自負していました。そのため、こうした逸話で雪舟を神格化して、自らを権威づけたのです。

当時、狩野派が雪舟を神格化したことによって、諸大名たちがこぞって雪舟の作品を求め、また同様にその後継者である狩野派の絵も大名家を飾りました。そのため両者の贋作も多く、今や「雪舟と聞けば、偽物と思え」「狩野派といえば、偽物と思え」とまで言われるほど、贋作が世に出回っています。

狩野派によって、江戸時代に神格化された雪舟は、やがて明治末年頃になると、画聖として称えられるようになります。没後四五〇年にあたる昭和三一年（一九五六年）には、日本だけでなく世界中で雪舟を礼讃する行事が行われ、その前年、ウィーンの世界平和評議会で雪舟が、モーツァルトやハイネと並び「世界十大文化人」の一人に東洋人として初選出されました。

日本が世界に誇る画聖、雪舟の名声は、こうして不動のものとなったのです。

《龍虎図》——雪村

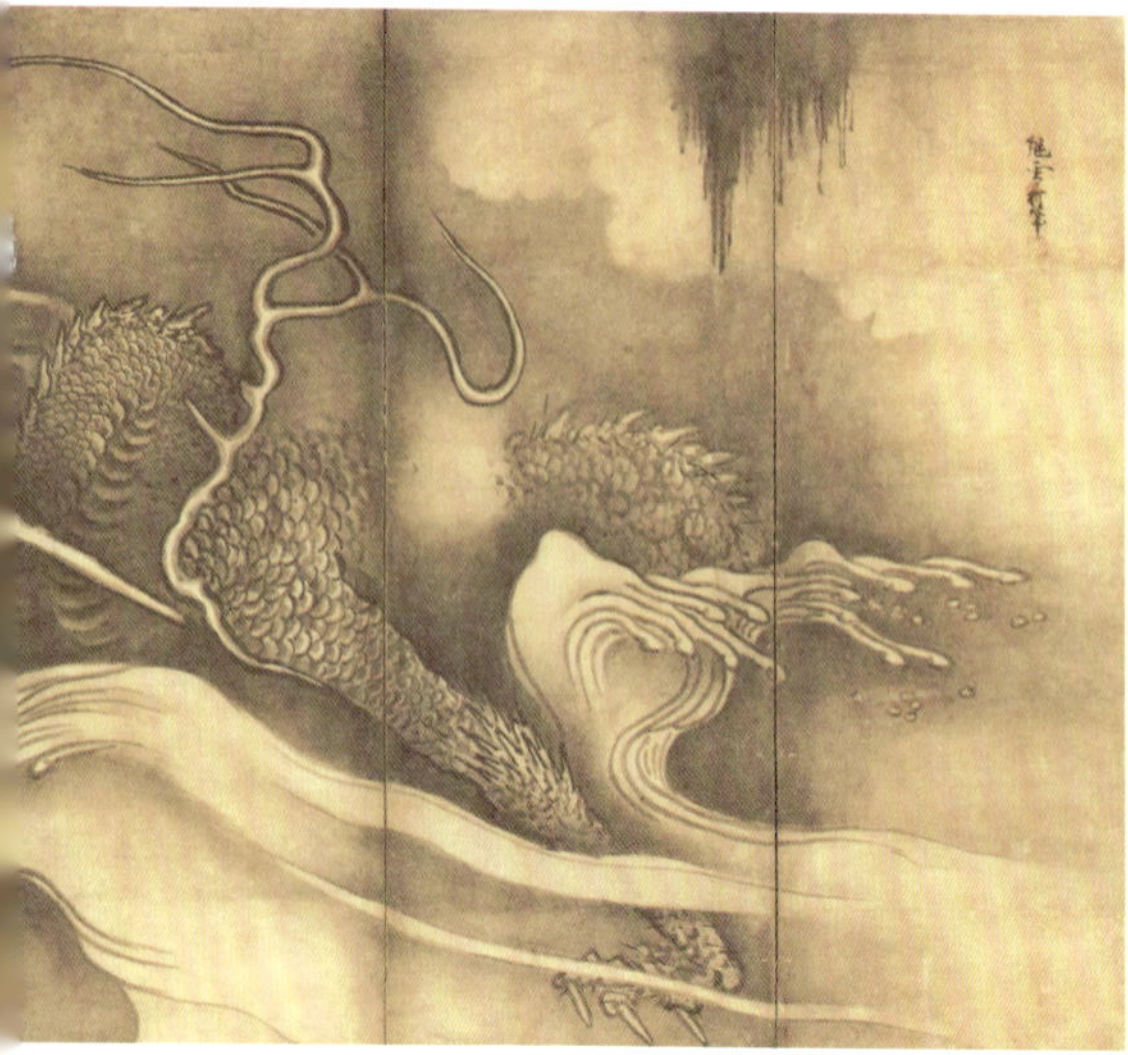

屏風絵　一六世紀　紙本墨画　根津美術館（東京）

個性の夜明け

長らく「奇想」と位置づけられ、日本美術史の異端とされてきた伊藤若冲や歌川国芳らが近年、現代に通じる個性と革新性で注目を集めています。二〇一九年二月には、上野の東京都美術館で岩佐又兵衛、狩野山雪、伊藤若冲、曽我蕭白、長沢蘆雪、歌川国芳、白隠慧鶴、鈴木其一らの代表作を集めた「奇想の系譜展 江戸絵画ミラクルワールド」が大盛況で、奇想ブームはますますの盛り上がりを見せています。

そんな「奇想の系譜」の元祖が、戦国時代に東国《とうごく》で活躍した、地方画壇の風雲児と評される画僧、雪村です。その名は、雪村が模範とした、一世代前の雪舟にちなむとされますが、画風はまったく異なる、革新的で人間味にあふれるもの。**雪舟が「正統」だとすれば、雪村は「異端」の画家といえるでしょう。**

龍虎を屏風の左右に描いた、この《龍虎図》も雪村ならではのユニークなものに仕上がっています。

日本において龍虎の画題は、室町時代以降に戦国武将に好まれました。**とくに屏風絵などに描かれ、武家社会で権力を誇示するための道具として用いられたのです。**

中国の五経の一つ『易経』の中に「龍吟ずれば雲起こり、虎嘯《うそぶ》けば風生ず」、「雲は竜に従い、風は虎に従う」とあることから、雨を呼ぶ龍と風を呼ぶ虎が緊張感を持って対峙する構図が、風雲の世に相応しい画題として人気を呼んだと考えられます。

雪村の《龍虎図》も激しい風と、打ち寄せる波の水飛沫が飛んできそうなダイナミックな画面です。

しかし、大徳寺にある中国水墨画の天才絵師、牧谿《もっけい》の龍虎図の虎が殺気に満ちているのに対し、**雪村の虎は、ひょうきんで可愛さも漂い、まったく怖くありません。**当時、日本で虎を見ることは不可能で、江戸時代の写実的作家、円山応挙をしても虎を描くと猫っぽくなってしまいますが、雪村の虎はさらに滑稽味もあります。

雪村が同じく龍を描いた《呂洞賓図《りょどうひんず》》も実にユーモラス。龍の頭に乗り、天空の龍と向かい合う仙人・呂洞賓を描いた作品です。この絵に描かれた呂洞賓は、目をぎょろりと見開き、眉毛や顎髭、さらには鼻毛も猛烈な風になびかせながら、首の骨が折れるくらいに天を見上げ、龍の頭に立っています。**日本はもちろん、中国にも呂洞賓をこのようなエキセントリックに描いた例はなく、説明がつきません。**

「変」で「不思議」、でも「面白い」、そこが奇想の元祖といわれるゆえんです。

しかし、ただ破天荒でユニークな画風だけが雪村の特徴ではありません。彼は静謐で奥行きのある山水水墨画や、まるでセザンヌのような静物画も残しています。

どの絵もディテールまで独創的に描かれていて、観ていて飽きることがありません。

■大胆で繊細な画風はどこで育まれたものなのか？

雪村の「奇想」はどのようにして生まれたものなのでしょうか。

雪村については生没年すら不明で、その生涯もよくわかっていませんが、私は雪村が生涯に一度も関東から出ることがなかったことが影響しているように思います。

雪村は常陸（現在の茨城県）の有力武門、佐竹氏の一族に生まれましたが、父親が側室の子を後継者に選んだために画僧となり、会津や小田原、鎌倉を遍歴。絵の修行をしたといわれます。

小田原は当時、北条氏のもとで絵画を含めた文化レベルも高く、鎌倉も円覚寺を中心に禅宗文化が栄えていました。そうして常陸、会津、小田原、鎌倉と、京都とは遠く離れた様々な場所で修行を重ねたことが雪村の柔軟で多様性のある画風を育んだのではないでしょうか。

日本では室町の頃から、先人の絵を手本として真似ながら技術を身につけていく、いわゆる「粉本主義」の傾向が強くなっていきますが、雪村は違いました。彼が著わしたとされる画論『説門弟資云』には、**「描くものの形は自然万象から習い、筆跡の**

省略は師から学んでもよいが、自分の心を大切にして描くべきである。そうでなければ自分の絵とはいえない」という趣旨が書かれています。

これが本当に雪村の言葉なら、奇想の元祖であるとともに、日本の絵画史上で初めて「個」を活かして描くべきと説いた先駆者になります。ただし、『説門弟資云』は、江戸後期の文人画家、谷文晁らが、雪村の名を騙って著わしたという説もあり、真偽は判然としません。

とはいえ、そうであったとしても、文晁らが尊敬する雪村の魅力を論じた素晴らしい画論であることは間違いなく、雪村を日本美術における「個」の表現のパイオニアと理解して敬愛していたのでしょう。「個」の尊重は近代美術の最重要な要素です。

■雪村が後世の画家に与えた影響

雪村は、後世の画家にも大きな影響を与えた画家でした。たとえば琳派の代表的な絵師である尾形光琳は、雪村を敬愛し、模写や雪村を意識した作品を数多く残しています。なんと光琳は雪村の印章まで作って持っていたそうです。

近代では岡倉天心が一九〇三年に英文で出版した『東洋の理想』の中で雪村を「こ

の画家にとっては、あたかも生活の一切が遊びに過ぎぬかのようで、雄勁《ゆうけい》な自然の溢れて止まない力のすべてを、その強健な精神によって味わい、楽しむのであった」(佐伯彰一訳『岡倉天心全集1』)と論評し、天心の指導を受けた狩野芳崖や橋本雅邦らにも強い影響を与えています。

八〇代半ばで没するまで、筆を取り続けたといわれる雪村は、数多くの作品を残しましたが、明治以降、国内ではさほど注目されることなく、海外に流出した作品も少なくありません。若冲や蕭白、国芳ら「奇想の画家」の先駆け的存在として、雪村の作品は今後、あらためて日本でも注目を集めるようになるのではないでしょうか。

第 3 章

知的教養を育てる日本美術読み解き

桃山時代から明治以降

桃山時代を読み解く

Point

❶織田信長や豊臣秀吉以降、安定に向かう社会で豪華絢爛な美術が台頭していく

❷各武将の権威を誇示するための城郭やその襖、屏風などが絵画の中心になる

❸一方、茶の湯の流行のように、「わびさび」の精神も盛んに

《唐獅子図屏風》——狩野永徳

一六世紀　紙本金地著色　宮内庁三の丸尚蔵館（東京）

■豪華絢爛にして破格

まばゆい金箔の金雲が立ちこめる岩山を闊歩する二頭の獅子。風になびく渦巻くたてがみと尾、斑点模様の体躯《たいく》には力強い筋肉の存在を感じます。唐獅子図は中国伝来のモチーフではありますが、金雲による余白の美や力強さから、この屏風絵には、きわめて日本的な美が感じられます。

狩野永徳の《唐獅子図屏風》は、城郭内部を飾る屏風に描かれた、いわゆる障壁画です。**障壁画に用いら**

れた手法は、金地に群青や緑青などの彩色を厚く塗る、金碧濃彩画《きんぺきのうさいが》が主流でした。

この絵は、天正十年（一五八二年）に秀吉が備中高松城を水攻めしていた際の陣屏風で、本能寺の変を聞きつけ畿内に戻るため、講和を結んだ毛利輝元に贈ったとの伝承があります。

二二四・二×四五三・三センチ、屏風としては異例な大きさのため、戦陣に置く陣屏風ではなく、大坂城や聚楽第など、秀吉が造営した大広間を飾る障壁画だったとする説もあります。

いずれにせよ、この巨大な障壁画

を背景にして鎮座する秀吉を想像してみてください。猛々しい唐獅子の周囲の金箔は、光を反射して秀吉を後光のように照らしたはず。対面した武将や外国人宣教師は、さぞ畏れ入ったことでしょう。**この頃から描かれ始めた金碧障壁画は、城郭の部屋を荘厳に演出する、舞台演出装置だったのです。**唐獅子は王者の守護神で、桃山時代から盛んに描かれました。

まさに国宝に相応しい作品ですが、国宝はもちろん、重要文化財にも指定されていません。その理由は、明治時代に皇室に献上されたためです。**日本の皇室の私有品となった絵画、書跡、刀剣などは「御物《ぎょぶつ》」とされます。**この作品は昭和天皇崩御の後、国庫に物納され、宮内庁管轄の三の丸尚蔵館に収蔵されましたが、慣例的に文化財保護法による指定の対象外となり、国宝や重要文化財などには指定されていません。

作品の大半が消失した悲運の天才・狩野永徳

《唐獅子図屏風》を描いた狩野永徳は、激動の時代だった戦国時代から安土桃山時代とともに生きた人でした。江戸末期まで約四〇〇年も日本画壇の中心だった狩野派の四代目。**その狩野派でも、最高峰の天才絵師が永徳でした。**「大蛇のようにのたうち、鶴のように舞う」技を誇った永徳とは、どのような絵師だったのでしょうか。

永徳は、天文一二年（一五四三年）、狩野派三代目、松栄の子として生を受けました。永徳がいつ、絵画制作を始めたのかはわかっていませんが、祖父・元信《もとのぶ》から絵を学び、二四歳の永禄九年（一五六六年）には父・松栄とともに大徳寺聚光院の障壁画の制作を行い、このとき《花鳥図》一六面、《琴棋書画図《きんきしょがず》》八面を描きました。

その後も公家の近衛前久《このえさきひさ》や武将、大友宗麟《おおともそうりん》などの邸宅の障壁画を手がけ、天正二年（一五七四年）頃になると、上杉本《洛中洛外図屏風》を制作します。この作品は最終的に織田信長から上杉謙信に贈られたもので、今は国宝に指定されています。

この頃から永徳は信長に認められ、天正四年から七年（一五七六〜一五七九年）には、信長に頼まれ、安土城の障壁画の制作に取り掛かります。

当時、三四歳だった永徳は、家督を譲って安土城の障壁画の制作に臨みました。信長の意に沿わねば、首をはねられる。その覚悟で家督を譲ったのだと思われます。

完成した永徳の作品を信長は大いに気に入ったようですが、**天正一〇年（一五八二年）の本能寺の変によって信長は自害、安土城も火に包まれ、永徳の最高傑作であったと思われる、障壁画の数々は失われてしまいました。**

その後、永徳は、信長の後継者となった秀吉のもとで、聚楽第や大坂城の障壁画を手がけたのですが、秀吉の死後、それらも失われてしまいます。結局、永徳は天正一八年（一五九〇年）、秀吉が天下統一を果たした年に四八歳で亡くなりました。今でいう過労死だったようです。

戦国の世を駆け抜けた天才、それが永徳だったのですが、彼が命がけで製作にあたった安土城や大坂城がもし現存していたら、日本美術の至宝となっていたことが推測できるだけに、戦国の度重なる政変によって失われたことは、きわめて残念です。

■四〇〇年続いた「天下画工の長」狩野派

永徳の孫、探幽の時代に江戸幕府の御用絵師となって以来、狩野派は、「天下画工の長」と呼ばれ、明治に至るまで日本美術界の権威としての立場を守り続けます。その年数は実に四〇〇年間、なぜ狩野派はそこまでの権威であり続けたのでしょうか。

そもそも狩野派は室町時代の絵師、狩野正信を始祖とします。正信は幕府の御用絵師だった小栗宗湛に学び、義政に気に入られ御用絵師となった人物で、中国風の水墨画に大和絵を融合させた、現実的で平明な画風で狩野派の基礎を築きました。

その子、元信は画力よりも、むしろ政治力に長けていて、将軍を始め武家、公家衆、禅宗などの有力寺院や町衆の支持を集め、狩野派の存在を確固たる地位に押し上げました。そんな中で現れた四代目棟梁が、天才・永徳でした。

永徳の代で天下画工の長となった狩野派ですが、その後に、決断を迫られるときがきました。秀吉亡き後の豊臣家と徳川家康の対立です。それまで権力に寄り添ってきた狩野派ですが、時代の流れを読み誤ることは、そのまま自滅へとつながりかねません。

ですが、そこでとった狩野派の生き残り戦略は実にしたたかなものでした。**なんと豊臣には門弟の山楽や内膳、徳川には永徳の弟・長信、朝廷に宮廷絵師の地位についた孝信をあて、どこが滅んでも狩野派が存続できる体制を作り上げたのです。**

結局、関ヶ原で徳川家が勝利して、幕府が江戸に移ると、狩野派は長信らが江戸に拠点を移し、江戸城の障壁画などを手掛けるようになります。一方、三面作戦で豊臣方についた山楽も京都で「京狩野」として命脈を保ちました。

狩野派については、その粉本主義によるアカデミズムで、画家の個性を殺したとする批判もあります。しかし、一方で若冲や北斎といった、多くの個性的な絵師が、絵画の基礎を狩野派から学んだのも事実で、その功罪を一概に語ることはできません。

《松林図屏風》

——長谷川等伯

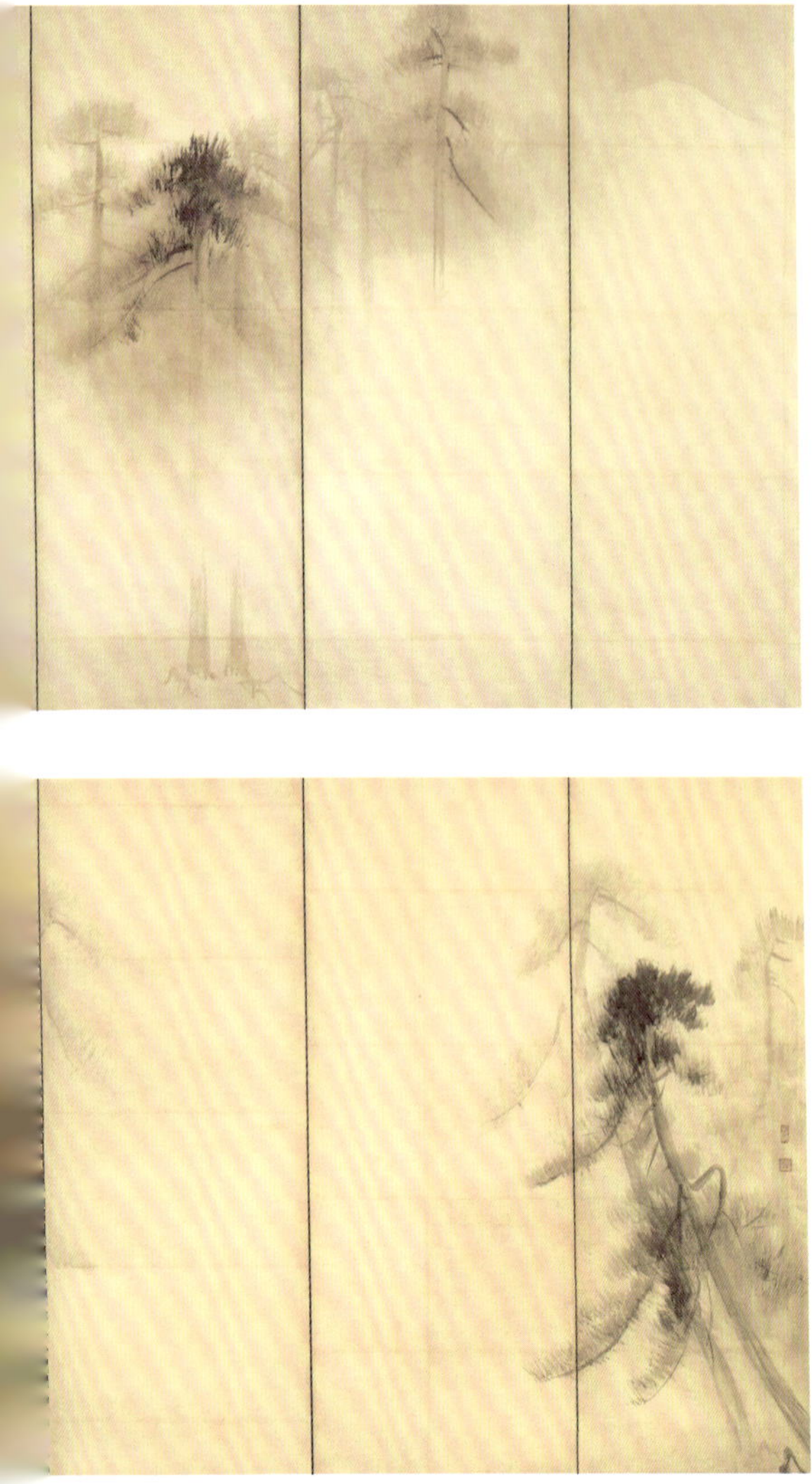

一六世紀　紙本墨画　東京国立博物館（東京）

国宝

日本水墨画の最高到達点

朝霧の中に浮かび上がる松林のシルエット。遠くには雪をかぶった山があり、冬の早朝であることがわかります。まもなく日が昇り、霧が晴れたら消えてしまうであろう一瞬の空気感。その無常の境地ともいえる世界を切り取ったのが、長谷川等伯の

Image：TNM Image Archives

《松林図屏風》です。

この作品は毎年、一月に東京国立博物館にて公開されますが、実際に目にすると靄の中から、何か神秘的なものが現れてくるような不思議な気分を味わえます。

日本人にとって四季を通して緑の松は吉祥。そのため初詣を兼ねて正月に毎年、これを鑑賞するために、東京国立博物館に足を運ぶファンも少なくありません。

この作品を間近で眺めると、等伯がきわめて粗い筆致で松の葉や幹を描いていることがわかります。荒々しい筆致は、等伯がこれを竹の先を細かく裂いたもの、あるいは藁《わら》を束ねたもので描いたからだと指摘する人がいますが、その通りなのかもしれません。**それほど粗い筆致なのに遠くから眺めると、写実的なまでの幽玄な光景が目の前に現れ、**それが等伯の内面とも一致している。それがこの屏風図の魅力です。

近世水墨画の最高傑作とされる《松林図屏風》ですが、この絵は数々の謎に包まれています。粗すぎる筆致もその一つ。また屏風絵は通常、四~五枚の紙を継いで作りますが、その継ぎ目がズレているのも理由がわかりません。

また左右で紙幅が二センチも異なっていたり、地面の線が左右で連続していなかったりもします。さらに描かれた紙は、本来屏風絵に使用される雁皮紙ではなく、薄い紙でした。この頃の等伯はすでに評価も高く、納品する屏風に質の悪い紙を使うとは思えません。それらの事実から、この作品が下絵だったと指摘する人もいます。

一方で、使われた墨が最高級のものであることもわかりました。下絵ならば、なぜ高価な墨をわざわざ使ったのか、それもよくわかりません。日本水墨画の最高傑作でありながら、こうした多くの謎が残されていることもファンには魅力なのです。

悲しみを湛えたはかなさ

等伯が《松林図屏風》を描いた頃の、彼の個人的背景を知ることも、この作品を鑑賞する参考になるでしょう。

もともと等伯は、故郷の能登で大和絵をベースとした仏画の絵師として前半生を送っていました。生まれ育った家は染物屋、そこで色彩感覚や装飾的な造形を身につけたであろうことは想像に難くありません。能登では有名な絵師として知られていたようです。私が金沢21世紀美術館で館長を務めていたときも、時折等伯の絵が発見されました。

腕に自信があった等伯が京都に移ったのは三三歳のとき。妻と幼い息子、久蔵を連れての上京でした。

以来、等伯は、四人の息子や門人とともに長谷川派を旗揚げ。**千利休の知古を得て、利休ゆかりの大徳寺の山門の天井画と柱絵などを手がけ、有名絵師の仲間入りを果たします。**そして、ついにはその存在が豊臣秀吉の耳にも入るほどになりました。

しかし当時は、永徳率いる狩野派の全盛期。たった一代で秀吉にも興味を持たれるまでに上り詰めた等伯のことが、狩野派にとって脅威に感じられたのでしょう。永徳は等伯が秀吉に近づくことを、あらゆる手を使ってことごとく邪魔したといいます。

ところが、その永徳が四七歳の若さで突然他界すると、等伯にもチャンスが訪れました。わずか三歳で亡くなった秀吉の愛児、鶴松の菩提を弔うため建てられた祥雲寺の障壁画を描くよう秀吉に依頼されたのです。

うまくいけば狩野派にとって代わって、長谷川派が「天下画工の長」となる絶好の機会。永徳の跡継ぎ、狩野光信にあまり絵の才覚がなかった一方で、等伯の息子、久蔵は父親も認める才能の持ち主だったからです。

ところが好事魔多し。祥雲寺の障壁画が完成するまでに、あと二ヶ月と迫ったとき、息子の久蔵が二六歳の若さで早世してしまいます。

死因は、はっきりわかっていませんが、狩野派による暗殺説や義母に四男が生まれたことによる跡目争いを避けて自害したといった説があります。秀吉がなくなると、祥雲寺の障壁画は智積院に移され、二度の火災で多くを失いますが、現在国宝指定を受けた残りを観ることができます。

いずれにせよ久蔵に跡を継がせ、長谷川派の流れを確たるものにしようとしていた等伯にとって最愛の息子を失った悲しみはどれほどのものだったでしょう。

絶頂期の息子の死。そんな失意の中で描いた大作が、この《松林図屛風》でした。

この作品は、発注主が不明とされていますが、もしかしたら等伯が自らの悲しみを癒すために作ったものなのかもしれません。もし悲しみをぶつけたのだとしたら、安い紙を使ったことや粗い筆致も理解できるような気もします。

日本美術特有の空白の美

「松林図」の名前通り、描かれているのは松だけ。それなのに実際にこの作品を眺めた人の多くが松林に漂う深い霧を見ます。中には立ちこめる霧の湿度や冷たさを感じる人もいます。

しかし実際に描かれているのは松だけで、そのような霧はどこにも描かれていません。そこには紙の色そのままの、膨大な余白があるだけです。

ただし、日本の美術の余白は、ただの白ではありません。**描かない部分は、空間の「遠さ」や「広がり」を表現したり、描かれたものと相対的に現れる、何かを表現したりする場にもなるのです。**

等伯は《松林図屏風》によって見事なまでに余白の美を表現しました。それは等伯の感情とないまぜになった霧や湿潤な大気の表現なのです。

この余白の私的で情緒的扱いこそ、日本の水墨表現の特徴の一つです。その意味でこの作品は、日本の水墨画の頂点と私は捉えています。

江戸時代中期を読み解く

Point

❶太平の世になり、江戸と京都、大坂などで市民社会が充実し始める

❷鎖国しながらも海外の文化も流入し、西洋画の技法も取り入れ始める

❸「奇想」と後にいわれる個性的な作家たちも多く登場

《紅白梅図屏風》
——尾形光琳

一八世紀　紙本金地著色　MOA美術館（静岡）

国宝

■驚くべき緻密な構成

海外でも人気の高い、琳派を代表する絵師・尾形光琳が晩年に描いた、集大成ともいえる作品が《紅白梅図屏風》です。

この国宝は、熱海市のMOA美術館が所蔵していて、毎年、梅の季節に合わせて公開されています。MOA美術館のすぐ近くには相模湖を望む絶景の梅園もあり、公開時期には、光琳屏風と本物、両方の梅を楽しみながら、春の訪れを

感じる多くの人で賑わいます。
まだ春浅い時期なのでしょう、金箔地に映える左右の梅はまだ蕾、中央を流れる川は雪解け水だと考えられます。春の訪れを寿ぐ、この作品は津軽家当主の息子夫妻の婚礼のために依頼されたものだと言われています。
細かく観ていくと、**この図案に光琳は様々な対立要素を散りばめていることがわかります。**まず右の紅梅は若木で、盛んに細い枝を上に伸ばしていますが左の白梅は、屈曲している、つまり老木であることが示されています。
梅の老若だけでなく、たたずむ梅の静かさと水流の躍動感の対比。リアルな梅に対してデザイン的な川、梅が男性で曲線的な水流が女性を暗示しているとする指摘もあります。画中のあらゆるものが呼応し、相対する緻密な構成。それは装飾芸術の頂点に立つ、光琳の真骨頂といえるものです。

今でこそ水流は、黒地に茶褐色の曲線模様に見えますが、本来、銀で彩られており、もともとは周囲の金に対して、黒字に銀色の水流が描かれていました。光琳は経年変化で銀が黒く変色していくことも想定していたといいます。雪解け水は白く濁った重い水です。鈍く光る変色した銀は、まるで早春の雪解け水のように重く鈍く光っています。デザイン化された波形とリアルな水の表現とが見事に対比し、単なる装飾を超えた光琳の世界を伝えています。

こういったリアルと装飾の対比は水流と梅の木にも表れています。平面性を強調したデザインの水流と横から描かれたリアルな梅の木の対比など、光琳らしく表現されています。

この波形は「光琳波」と呼ばれ、後々琳派に受け継がれただけでなく、伊藤若冲も《菊花流水図》に採り入れています。

この構図は、琳派の始祖、俵屋宗達の《風神雷神図屏風》に倣《なら》ったといわれています。実際に中央の川を隠して、二枚を重ね合わせてみると、白梅の根元から枝の部分が宗達の雷神の足を突き出した絵と重なり、右側の紅梅には風神の姿が重なります。琳派の系譜に思いを馳せながら眺めてみても楽しめるはずです。

二〇〇年続く琳派の系譜

琳派とは、安土桃山時代から江戸時代初期に活動した本阿弥光悦や俵屋宗達、そのおよそ一〇〇年後に活躍した尾形光琳、さらにその一〇〇年後の江戸後期に現れた酒井抱一などが名を連ねる流派です。

ただし流派といっても、狩野派のような血縁関係や師弟関係はなく、あくまでも前人の作品を、後世の絵師が独自に敬愛して私淑することで、時代を超えて特徴や技法が継承されていきました。いわばコンセプトの継承です。

狩野派は、中国様式の水墨画を和風にした雪舟の継承を自認する画風で、室町時代後半から江戸末期まで権力者の後ろ盾を得て、巨大にして強固な派閥を形成しました。一方、**琳派は、平安時代の大和絵を基礎とした雅で装飾的な画風を得意とする、職人や商人の家系といった自由な立場の絵師たちでした。**

琳派に共通するのが、平面性。文様化とほどよい写実の対比。それに、自然界ではありえない構図を画面に収めた光琳の《紅白梅図屛風》は、琳派の装飾芸術のコンセプトを最もよく表したものといえます。

この琳派のコンセプトは、一九世紀後半にはオーストリアの画家、グスタフ・クリムトにも継承されました。クリムトは一八七三年のウィーン万博に出展された光琳の《紅白梅図屛風》などの屛風画などに強い衝撃を受け、日本流の金箔技術を習得し、油絵と融合させる独特の技法を確立しました。確かに、**クリムトの代表作《接吻》は、金箔を使用した装飾的で平面的な画法で描かれていて、「琳派」の屛風を彷彿させるもの。**クリムトは西洋における「琳派」の継承者といっていいかもしれません。

江戸のデザイナー、尾形光琳

光琳が琳派を代表する絵師となった背景には、彼が歩んだ人生が大きく影響しています。光琳は、万治元年（一六五八年）に、公家御用達の京都の呉服商の次男として生まれました。デザインや染織が身近な存在で、高貴な人々がまとう高級な着物に囲まれて育ったことが、彼の美意識に影響を与えたことは間違いないでしょう。

光琳が三〇歳のときに父親が他界、光琳は相続した莫大な遺産で友人の貴族たちと遊蕩三昧の生活を送ります。やがてお金が尽きてしまったため、工芸師となるのですが、公家との交流や粋を尽くした遊びも、艶やかできらびやかな作風につながったとされます。

そんな時期に宗達の作品と出会い、その画風に傾倒していくわけですが、同時に雪舟や雪村の画法を真似た工芸品も制作しています。そうした貪欲な好奇心が、宗達の単なる模倣にとどまらない、オリジナリティある作風を育んだのでしょう。

そうして四〇歳頃に描いたのが、《紅白梅図屏風》と並ぶ、もう一つの代表作《燕子花図屏風》でした。金地にパターン化された燕子花がリズミカルに展開する、大胆なデザイン構成は、光琳が到達した独自の世界でした。

光琳は晩年になっても、着物のデザインや漆器の意匠、薬草の入れ物やお菓子の箱といったパッケージデザインなどにも精力的に取り組んでいます。

光琳はマルチに活躍した、江戸のデザイナーだったわけです。同じく江戸の琳派を代表する尾形乾山は六歳下の実の弟です。兄弟揃って日本を代表する芸術家であり、デザイナーです。

《動植綵絵　紫陽花双鶏図》——伊藤若冲

一八世紀　絹本著色　宮内庁三の丸尚蔵館(東京)

■美と真実は細部に宿る

江戸中期に京都で活躍し、その緻密な描写と大胆かつ鮮やかな色彩で、ブームを巻き起こした伊藤若冲。その最高傑作とされる《動植綵絵》は、全部で三〇幅からなる鳥図の大作で、その驚くべき緻密な描写と、極彩色で描き上げられた花鳥画は、表現的にも技巧的にも、日本美術の最高水準と評価されるものです。

その《動植綵絵》の中の一幅、「紫陽花双鶏図《あじさいそうけいず》」は、群れ咲く紫陽花の下、バラとつつじが花開く岩にいる雌雄一対の鶏を描いたものです。片脚を上げ、芝居がかったポーズをしている雄鶏は若冲らしい強烈な色を放ち、そのために形が画面から浮かび

上がるような効果をもたらしています。

紫陽花の花弁一枚一枚を塗り分ける驚異の集中力、雄鶏の尾の力強い躍動感。思わず目を奪われてしまう、予備知識なしでも楽しめる作品です。

幻想的な雰囲気も漂う《動植綵絵》は、**当時の最高品質の画絹や絵具を惜しみなく使用していて、かつ、保存状態も良いため、二〇〇年以上経った現在でも褪色も少ない状態です。**

若冲は《動植綵絵》に様々な動植物を描きましたが、全三〇幅のうち、実に八幅が鶏の絵でした。若冲はなぜ、そこまで鶏にこだわったのでしょうか。

その理由は彼の次の言葉にありました。「いまの画というものは、みな手本をもとに描くばかりで、いまだ物を描けたものを見たことがない。そして技術によって売れることばかりを求めていて技術以上に進むことができたものがない。自分が人と違っているのはこの点だけなのだ」（大典筆「藤景和が画の記」）。

若冲は狩野派の絵画、宋画や元画、明画の粉本と次々に学びましたが、いくら模写を繰り返しても、それらを超えることは不可能と悟り、実物を観察して描くことを決めました。

ただ、孔雀やオウムなどはいつでも観察できるわけではないので、村里に飼われている羽毛の色彩が美しい鶏に注目、庭に数十羽を飼いながら、形状や色彩をつぶさに観察して緻密に描くようになったのです。**徹底した観察と写生を貫いた姿勢は、当時としては画期的なものでした。**

鶏に限らず、身近な動植物を鮮烈な色彩で、虫眼鏡で拡大したような細部を描きながら、空間を埋め尽くすように描いた若冲は、やはり日本画の鬼才です。

敬虔な仏教徒だった若冲

伊藤若冲は、江戸時代中期の正徳六年（一七一六年）に京都に生まれました。生家は京の中心部にある錦高倉市場の青物問屋「枡屋」。近隣から野菜や果物、海鮮物などが集まる場所で生まれ育ったことは、のちの彼の画風にも影響を与えたはずです。

いつ頃から絵画に目覚めたかは定かではありませんが、絵画と禅に深くのめり込み、在家のまま「若冲」の居士号を得たのち、四〇歳で家業を弟に譲って、画業に専念するようになります。

当時は、薬学の観点から薬草や動物、鉱物など自然物を研究する学問である本草学が流行したように、実証主義的な精神が高まっていた時代でした。《動植綵絵》は、熱心な仏教徒だった若冲が、四〇歳代の約一〇年を費やして完成させたもので《釈迦三尊像》三幅とともに京都・相国寺に寄進したものです。様々な植物や鳥、昆虫、魚などの生き物を瑞々しく描写したのは、《釈迦三尊像》を荘厳するためです。

実際に相国寺では、毎年六月一七日の「観音懺法会」の折に、《釈迦三尊像》の周囲を取り囲むように《動植綵絵》を掛けて、参拝者に一般公開していました。若冲は、仏教の「草木国土悉皆成仏」、つまり草木や国土のように心を持たないものも、みな仏性を持ち、成仏するとした涅槃教の思想に影響を受けていました。この作品はそのような生けるものに対する慈しみの心で若冲が描いた仏画でもあったのです。

■一大ブームにつながる一人の米国人コレクターの存在

一八世紀の京都では、円山応挙に次ぐ有名な絵師で、寛政十二年（一八〇〇年）に八四歳で他界するまで絵を描き続けた若冲は、明治時代以降、一般的にはその存在が忘れられていきました。

その大きな要因が、明治時代の廃仏毀釈の影響で相国寺が窮乏して、明治二二年（一八八九年）三月に《釈迦三尊像》三幅だけを残して、《動植綵絵》三〇幅を明治天皇に献納したことです。このときの下賜金一万円のおかげで、相国寺は持ち直しました。しかし、**皇室御物となり、一般から隔離されたことで、その存在が忘れられていってしまったのです。**

再評価されるようになったのは第二次世界大戦後、アメリカのコレクターであるジョー・プライスが若冲の作品を熱心に買い取り、一大コレクションを築いたおかげでした。昭和四六年（一九七一年）に美術史家の辻惟雄さん、小林忠さんらがプライスのコレクションを、日本初の「若冲展」として東京国立博物館で披露。辻さんがその前年に出版した書籍『奇想の系譜』との相乗効果で若冲に注目が集まっていきました。

その後、平成一二年（二〇〇〇年）に京都国立博物館で開催された「没後二〇〇年若冲展」をきっかけとして一般にも広く知られるようになり、平成二八年（二〇一六年）に、東京都美術館で開催された「生誕三〇〇年記念 若冲展」で爆発的人気となりました。平成一二年の若冲展はマスコミにも取り上げられることがなく、さほど注目されていなかったのですが、訪れた人が流行り始めていたブログなどで、そのすごさを発信したのがきっかけだったといわれています。平成二八年の生誕三〇〇年記念の若冲展も、SNSで盛んに拡散されました。若冲の作品は、色鮮やかでSNS映えするため、この時代にぴったりだったのかもしれません。

《犬児図》——円山応挙

一八世紀　六町ミュージアム・フローラ（東京）

■現代の「カワイイ」につながる応挙の眼

犬好きの人なら思わず目を細めてしまうでしょう。このフワフワ、コロコロの子犬の絵は、若冲より一七歳年下で、同時代に活躍した円山応挙の作です。十八世紀当時は若冲よりも常に人気で、当代随一といわれた絵師でした。

美術史に詳しくない人は、応挙といえば幽霊画のイメージが強いかもしれません。応挙は初めて幽霊を足のない姿で描いたとされ、幽霊のイメージを決定づけたといわれています（ただし最近では、応挙以前にも足のない幽霊が描かれていたことがわかっています）。

天明丁未仲夏寫
應擧

そんな応挙が最も好んで描いたモチーフのひとつが子犬で、残っている作品だけでも、描かれた子犬は三〇匹を超えています。きっと子犬が大好きな優しい人だったのでしょう。そんな応挙が最も多く描いた子犬が、この《犬児図《けんじず》》にも登場する茶色系で鼻筋の白い子犬でした。

子犬は、モチーフとしては、それまで日本の絵画に、あまり見られなかったもの。わざわざモチーフとして取り上げたことからも、いかに応挙が普段から子犬を愛していて、そのいとおしい命の輝きを描こうとしていたかがわかります。

日本美術史上初の「写生」の人

日本美術史上において特筆すべきは、応挙が近世の日本画家で初めて「写生」を重視したことです。長らく日本絵画では、写生を重視していませんでした。**そんな中、応挙は常に懐に写生帖を忍ばせ、暇さえあればスケッチに余念がなかったといいます。**

自然をありのままに描く写生は、古く鎌倉時代から行われていたものですが、それはあくまで絵を描くための準備であり、仕上がった作品に、その写生が反映されることはあまりなかったのです。

その特色は、写生の技術を基礎としつつも、日本絵画の伝統的な画題も時には取り上げて、装飾性がきわめて豊かな画面を創造しているところにあるのでしょう。

もちろん、有名な幽霊画は写生ではないでしょうし、応挙は龍などの架空のモチーフも描いています。二〇一六年に表参道の根津美術館で開催された「円山応挙展」の副題は「写生を超えて」でした。その展示では、応挙の作品が「実の写生」「気の写生」「虚の写生」「虚実一体空間」などのテーマごとに分けられていました。

応挙は目に見えるものだけでなく、写実を超えて「気」や「虚」をも含む、森羅万象を写生した絵師だったのではないでしょうか。

超リアルへの挑戦

丹波の国、穴太村《あのうむら》（今の京都府亀岡市）の農家に生まれた応挙は、一五歳の頃、京都へ出て、狩野派の流れを汲む画家、石田幽汀《いしだゆうてい》に画技を学びました。

その頃、生活のために描いていたのが「眼鏡絵」です。**眼鏡絵とは、凸レンズの眼鏡を通して見る一種の玩具絵で、レンズを通して風景を描くことで、西洋美術風の透視図法絵画を再現するものです。**これを用いて京都の風景を描くことで、応挙は透視遠近法的な、奥行き表現への関心を持ったとされます。ただし応挙作とされるそれらの作品には落款《らっかん》がありません。応挙は、眼鏡絵はあくまで遊びであり、落款を入れるべき「作品」とは考えていなかったのかもしれません。

当時は、享保の改革によって漢訳洋書（漢文で書かれた西欧の書物）の輸入が緩和され、蘭学が興隆した時代でもありました。若冲にもいえることですが、応挙が写生を重視した背景には、西洋医学書など洋書の輸入による、博物学的関心の高まりがあったと思われます。

当時、長崎へ来航した清の画家、沈南蘋《しんなんぴん》の描いた緻密で華麗な彩色画も、応挙に影響を与えたとされます。応挙の写生画は、蘭学の流入や南蘋派の画風の伝来といった、新しい世相を受けて芽生えたものだったのでしょう。

応挙を始祖とする「円山・四条派」

当時の最先端を行く画家だった応挙のもとには、弟子入りを希望するものが後を絶ちませんでした。応挙は人格者でもあったことから多くの門人に慕われ、たちまち円山派が形成されます。

当時は、狩野派や土佐派を始めとする伝統的画派が形式化に陥っていた時代です。そんな中で新たな風を吹き込んだ応挙の円山派に可能性を感じた多くの徒弟が集ったのです。徒弟には応挙の息子の応瑞、また応門十哲と称される長沢蘆雪、渡辺南岳、森徹山といった人々がいます。

その弟子の一人が呉春《ごしゅん》でした。呉春は、もともと文人画の与謝蕪村の高弟でしたが、蕪村の死後に応挙に入門した人物です。文人画の叙情的感覚と円山派の精緻な描写を融合させ、瀟洒で軽妙な作品を数多く残しました。

やがて京都・四条に画室を構えた呉春のもとにも、多くの弟子が出入りするようになり、四条派という新たな画派が生まれます。いわゆる円山・四条派は、円山派と呉春が興した四条派の総称で、呉春が円山派に呉春が影響を受けているとされるため、後世になってまとめて両派を総称して、「円山・四条派」と呼ばれるようになったものです。ただし、呉春が文人画を基礎としているため、円山派と四条派は、別の流派であるともされています。

《凍雲篩雪図》——浦上玉堂

一九世紀　紙本肉筆　川端康成記念會（神奈川）

国宝

川端康成が心酔した文人画

画題の通り、凍てついた寒空から篩いにかけたような細かな雪が、里山に寒々と舞い散る寂寥《せきりょう》の光景を描いた浦上玉堂の《凍雲篩雪図《とううんしせつず》》。玉堂が六〇代後半に、奥羽を旅したときに観た、雪の景色の実感を描いた文人画の名作で、極めて日本的な情緒で描かれています。

　まずはこの絵をじっと眺めて見てください。文人画とは、視覚的現実だけでは表現不可能な描写対象の本質などを表現しようとするもの。見つめていると、玉堂の心中の山水を感じることができるかもしれません。

この作品は、日本人初のノーベル文学賞に輝いた文豪、川端康成が惚れ込んで購入したもので今も川端康成記念會に収蔵されています。川端康成はかねてからこの絵を気に入っていて、持ち主の家を訪ねて鑑賞していたほどでしたが、昭和二四年に絵が売りに出たことを旅先の京都で知ると、すぐに夫人にあて、銀行から二〇万円を借りるよう指示。それでも足りないとなると、大阪の朝日新聞社に出かけて一〇万円の前借りを頼みました。

当時は、訪ねてきた川端康成に応対した新聞社のデスクの給料が千数百円の時代。それでも「川端さんが小説を書いてくれるなら、損はない」と即決して、一〇万円を貸したエピソードが残っています。

川端康成はこうして手に入れた逸品を眺めては審美眼と感覚を養い、それらを作中に落とし込んだといいます。川端康成は玉堂の作品を称して「すこぶる近代的なさびしさの底に古代の静かさのかようのが感じられて身にしみる」(『反橋・しぐれ・たまゆら』講談社文芸文庫)と述べています。この《凍雲篩雪図》を川端康成の『雪国』に重ねるのは安直でしょうが、川端康成の古典的で、どこか湿気を感じさせる端正な文体には、玉堂の画風と通じるものがあるようです。

桂離宮、伊勢神宮を賞賛したドイツ人建築家、ブルーノ・タウトも玉堂を「浦上玉堂！　私の感じに従えば、この人こそ近代日本の生んだ最大の天才である。彼は『自分のために』描いた、そうせざるを得なかったからである。彼は日本美術の空に光芒を曳く彗星のごとく、独自の軌道を歩んだ、この点で彼は、ヴィンセント・ヴァン・ゴッホに比することができるであろう」と絶賛。「マネジメントの父」と呼ばれる経営学者のピーター・F・ドラッカーも玉堂の作品を複数所有していました。

ドラッカーは、豊富な日本美術コレクターで知られますが、その三分の一を「文人画」が占めていたといいます。

江戸の教養人たちが描いた文人画

文人画は、もともと中国で生まれたもので、儒家としての人文的教養を身につけた王侯貴族、官僚、地主ら支配的・指導的立場にある知識人たちが描いた絵のこと。つまりアマチュアが、自らの楽しみのために描いたもので、高い教養を持ちながら世俗を捨てて野に下り、晴耕雨読の暮らしの中、芸術三昧の日々を送ることが理想の文人像とされました。

中国の文人画は、作者の個性を反映するもので、それぞれの自由な表現様式が特徴でしたが、一四世紀の元末になると、南宗画《なんしゅうが》と呼ばれる、一定の様式を示すようになります。この南宗画が長崎から江戸中期の日本に伝わり、日本でも文人画が描かれるようになりました。

日本における文人画は、武士・農民・商人といった身分や出自には関係なく、職業とするか否かも問わず、地方にも多くの文人が存在しました。

日本の文人画では、基本となる南宗画に加え、中国の北宗画《ほくしゅうが》、さらには日本の狩野派や琳派、円山・四条派、果ては浮世絵や西洋画法なども受け容れたことで、日本独自のものとなっていきます。

こうした日本独自の文人画は「南画」と呼ばれます。様々な様式が存在するため、その特徴はひと言では表せないものですが、日本の教養人たちが、自らの心情や情感を投影した作品が多いのが特徴です。

当時の日本の教養人の中には下級武士や町人も多く存在しました。それは江戸後期の日本人が、身分の低い人まで、いかに教養を持っていたかを物語るものです。その中からは幕末、全国に散らばる文人のネットワークを頼って脱藩し、討幕運動に参加する者も現れました。

脱藩して諸国を旅した浦上玉堂

延享二年（一七四五年）生まれの浦上玉堂は、もともと備前岡山藩士で、三七歳で岡山藩の枝藩、鴨方藩の重職に就くほどのエリート。**儒学や医学、薬学といった学術や、詩作や七絃琴といった芸術の分野にも強い関心を示す、まさに教養人でした。**

ところが、五〇歳にして突如として脱藩。築き上げた地位や故郷を捨てました。その理由は定かではありません。

脱藩後の玉堂は諸国を渡り歩き、各地で文人との交友を楽しみながら、気の向くまま自由に独創的な山水画を描きながら暮らしました。

玉堂の作画方法については、それを間近に見た田能村竹田が、興味深いことを述べています。**玉堂は常に酔った状態で筆を執り、酔いが覚めてくると止めて、再び飲酒しては作画を続けていたそうです。**そのため、時として、同じ箇所に何度も墨が重ねられたこともあったといいます。

実際、《凍雲篩雪図》の画面中央辺りが、何度も墨が重ねられて黒くなっていることがわかります。

《富嶽三十六景　神奈川沖浪裏》――葛飾北斎

一九世紀　多色刷木版画　東京国立博物館

モナ・リザと並ぶ世界で最も有名な作品

小舟を飲み込まんばかりに、高く盛り上がった波。白く砕けた波は指のようなかたちで無数に分かれ、うねりだすようです。その荒れ狂う波の先には、この絵の本来の主人公である富士山が、遠くで静かに鎮座しています。

動と静、近と遠の劇的な対比。計算し尽くされた構図が、なんとも鮮やかで、北斎が天才であることをあらためて実感させられる作品です。

Image : TNM Image Archives

この《神奈川沖浪裏》は、富士山を描いた葛飾北斎の冨嶽三十六景の中でも、最も人気の高い一枚で、海外でも「Big Wave」、あるいは「Great Wave」と呼ばれて親しまれており、二〇一七年にロンドンの大英博物館で開催された葛飾北斎の特別展では《モナ・リザ》と並ぶ世界的名画と評されました。

ゴッホが弟テオに宛てた手紙の中で絶賛し、フランスの音楽家クロード・アシル・ドビュッシーが、代表曲の一つである交響曲『海』を、この作品を仕事場に掲げて作曲したといったエピソードでも知られています。

白と青を基調としたこの版画には、本藍《ほんあい》といわれる渋めの青の他に、江戸後期にヨーロッパから輸入され、当時「べロ藍」と呼ばれた、化学的顔料のプルシアンブルーが使われています。べロ藍は若冲なども使用していますが、大衆に向けた商業的な作品にべロ藍を使用したのは北斎が初めてでした。見たことのない鮮やかな青色に当時の人々は、さぞ興奮したことでしょう。

北斎は「万象は円と三角の基本形に帰一する」と考え、丸と三角をベースに構図を考案したといいます。**この絵にも、当時「ぶんまわし」と呼ばれたコンパスが使用されたと考えられていて、一九もの円が使用されていると分析する専門家もいます。**

北斎が「冨嶽三十六景」の連作を描いたのは、七〇歳を超えてからのこと。当時、最先端の顔料やぶんまわしの使用などは、北斎が老いてもなお、常に新しいものに興味を示していた証です。

一生涯、探求し続けた「画狂人」

宝暦一〇年（一七六〇年）、本所（現在の墨田区）に生まれた北斎は、一四歳で版木彫りの仕事につくのですが、彫りながら絵に親しむうちに絵師に憧れて、一八歳で当時の人気浮世絵師だった勝川春章に入門します。

しかし、浮世絵に飽き足らず、春章に黙って司馬江漢の洋画も学びました。さらにオランダの風景画と出会い、その技法も学んでいます。

後に北斎の作品は、西洋の画家に衝撃をもって受け止められ、印象派に多大なる影響を与えるわけですが、北斎自身も西洋美術の影響を受けていたのです。

本の挿絵、役者絵、美人画、武者絵、春画に妖怪画など、あらゆるジャンルを手がけた北斎は「森羅万象を描く絵師」と呼ばれ、自らを「画狂人」と呼びました。

その技法をまとめた《北斎漫画》は、葛飾北斎が絵手本として発行したスケッチ画集で、人物はもちろん風俗、動植物、妖怪変化まで約四〇〇〇図が収められています。

目に見えるものすべてを描こうとした北斎のこの絵手本は、ヨーロッパに渡ったの

ち、ドガやロートレックといった著名な画家たちが参考にしたとされています。

八八歳の長寿で他界するまで、生涯に渡って絵を描き続けた北斎は、死を前にして「せめてもう一〇年、いや、あと五年でもいい。生きることができたら、わたしは本当の絵を描くことができるのだが」と嘆いたといいます。

私も先日、打ち合わせ前に六本木ヒルズの森アーツセンターギャラリーで開催された「北斎展」を楽しんできましたが、うっかり打ち合わせに遅刻しそうになるほど夢中になってしまいました。北斎の作品は晩年になるほど見事になっていき、晩年の作品はどれだけ見ていても飽きることがありません。ピークを迎えた後、衰えていく画家も少なくありませんが、北斎は生涯、進化し続けた天才なのです。

浮世絵は江戸時代の週刊誌

北斎と歌川広重。江戸末期に活躍したこの二人の登場で、頂点を迎える江戸の浮世絵が、江戸の世に広まり始めたのは、二人から一世紀ほどさかのぼる一七世紀後半のこと。初期の浮世絵は肉筆画と木版の単色刷り（墨摺絵《すみずりえ》）で、その後、墨摺絵に赤い顔料を筆で着色した丹絵《たんえ》や紅絵《べにえ》が登場、徐々に多色刷りが試みられるようになり、明和二年（一七六五年）から文化三年（一八〇六年）頃に、鮮やかな多色刷りの錦絵《にしきえ》に進化して、江戸に浮世絵文化が花開きました。

木版で大量生産できた浮世絵は、庶民の芸術である以前に、江戸時代の商業的出版物でした。版元（今でいう出版社）が、北斎のような絵師に版下の墨絵を依頼し、絵師が描いた版下絵をもとに、彫り師や摺り師との共同作業で印刷されたものでした。最初に刷る初版は二〇〇枚程度。売れ行きが良ければ版を重ねて再び店頭に並べる、いわゆる「重版」になるわけです。

浮世絵では、最初に摺った二〇〇枚前後の版画を「初摺《しょずり》」といい、それ以降のものは「後摺《あとずり》」といって区別しています。後摺は、版木が摩耗してシャープな線が失われたり、色やぼかしが省略されたりすることもあるため一般的には初摺のほうが、価値が高いとされます。

浮世絵の「浮世」とは、もともと「現代風な」「当世風な」といった意味を持っていました。ですから描かれるテーマは、その時代の暮らし、風俗、流行などが反映されたものが基本です。まさしく当時の大衆のためのメディアで、人物画としては、人気の歌舞伎役者や江戸で評判の花魁や茶屋の娘、人気力士などが描かれました。現代でいうブロマイドです。

北斎や広重の作品で人気の風景画は、「名所絵」と呼ばれました。名所絵は地方から来た人のための観光ガイドや土産物でもあり、江戸後期から幕末にかけて、伊勢詣がブームになってからは、東海道など日本各地の名所を描いたものが増えました。

二六〇年以上も続いた泰平の世ならではの開放感にあふれ、明るくて粋な江戸庶民の気性と当時の社会風俗が生き生きと描かれた浮世絵は、現代の私たちが見ても楽しめるものです。

明治以降を読み解く

Point

❶文明開化の影響で一気に海外の美術が流入し、「日本の美」を模索する時代に突入

❷伝統美術を重視する派閥と、西洋化を推し進める派閥の対立

❸様々な諸派、影響を取り入れながら「日本画」を作り上げていく

《夜桜》——横山大観

二〇世紀　紙本彩色　大倉集古館（東京）

大観を「国民画家」に押し上げた逸品とは？

《夜桜》は、明治、大正、そして戦中・戦後も含めた激動の昭和を生き抜いた近代日本画壇の巨匠、「国民画家」ともいえる横山大観の晩年期を代表する作品です。

かがり火に映し出され、鮮やかに映える桜と松が織りなす詩情、絢爛たる構図は限りない幽玄の趣を漂わせています。

濃彩や、月に用いられた白金の効果がもたらす鮮やかさは日本美術らしい、華やかな装飾性に満ちあ

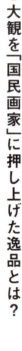

ふれています。

大観は、室町時代の大和絵や、桃山時代の障壁画をとことん研究して、この作品を描いたとされています。伝統的な日本の美の集大成ともいえるのが、この《夜桜》なのです。

画題の桜も、日本的な美の象徴。かがり火や松林、月に東山、それらもすべて日本を表したモチーフです。

大観は日本のシンボル、富士山をテーマにした作品も二〇〇〇点以上描いていますが、大観にとって富士山や桜は、愛すべき祖国日本の象徴でした。いわば平安以来、我が国に伝承されてきた日本的美意識の体現者。その意味でも、大観は「国民画家」なのです。

この夜桜は、大観が昭和五年（一九三〇年）にローマで開かれた日本美術展に出品するために描いたもの。そしてこのローマの日本美術展がきっかけとなり、大観は国民画家と呼ばれるようになっていきます。

ローマで大観は、床の間や青畳、生け花などを設えた中で日本画を紹介、大観プロデュースでこの海外展は大評判となり、ローマだけでなく、ベルリン、パリでも開催され成功を収めました。

その功績により、大観は、日本画壇の中でいっそう存在感を発揮していきます。そして明治四〇年（一九〇七年）には、この年より始まった文部省美術展覧会（文展）の審査員に就任。天心が創設しながら活動が途絶えていた日本美術院を下村観山、木村武山らとともに再興すると、それ以後、大観は日本画壇の重鎮として、確固たる地位を築いていきます。

若かりし頃は不遇も味わっていた

大観は明治元年（一八六八年）の生まれ。偶然ではありますが、まさに近代日本の申し子です。

そんな大観が師事したのが、進学した東京藝大の前身、東京美術学校にいた岡倉天心でした。第1章でも紹介したように、天心はフェノロサとともに明治初期に流入してきた西洋美術を排斥し、日本の伝統的美術の復興を推し進めた人物。

その薫陶を受けて、大観も日本の伝統美を追求するようになります。

しかし、スキャンダルで天心が失脚。それを受け、東京美術学校の助教授だった大観も東京美術学校を去りました。

そして大観は、天心が創立した日本美術院に参加して、日本画の近代化に取り組みました。**その当時、大観が編み出したのが、従来、日本絵画が重視してきた描線を使用せず、色彩により光や空間を表現しようとする「朦朧体《もうろうたい》」と呼ばれる、新しい描法でした。**

朦朧体の名前は、文字通り「朦朧としてよくわからない」と、評論家から悪意をもって呼ばれたもの。批評家から「印象に過ぎない」と酷評された、モネら「印象派」の名前の由来と似ています。

大観らの朦朧体が、一定の評価を得るまでには長い時間を要しました。当時の大観は、どん底の時代で、食べるものにも困窮していたといわれます。そんな折、大観の運命を好転させたのが前述した、ローマの日本美術展だったのです。

持ち前の政治力もあり、中央画壇で徐々に力を付けていった大観は、天心の遺志を継承して活躍し、昭和一二年には第一回の文化勲章を受章。押しも押されもせぬ存在となり、死後六〇年以上が経った今も、国民画家と呼ばれています。

巨匠、重鎮と呼ばれる大観ですが、酒をこよなく愛する人間的な側面もありました。天心譲りの愛国者だった彼が飲んだのは、もちろん日本酒。大観は米をほとんど口にせず、食事はすべて酒と肴だけで済ませていたそうです。

晩年でも一日二升三合は飲んでいたそうですが、健康を害することもなく八〇代になっても絵を描き続け、八九歳の天寿を全うしました。ちなみに大観の脳は、現在、アルコール漬けにされた状態で、東京大学医学部に保管されているそうです。

■「日本画」という言葉の誕生

言葉としての「日本画」は、明治以降に入ってきた西洋美術の影響を受けた「洋画」に相対するものとして生まれたもの。ですから、厳密に言えば、円山応挙や土佐光起といった江戸時代の絵師が描いた作品は「日本画」ではないことになります。

では日本画とは何か、と問われると、なかなか明確には答えられません。原則的には「日本の伝統的な技法・様式に従って描かれた毛筆画。岩絵の具などを用い、絹・和紙に描く。明治以後、油絵などの洋画に対していう」（『大辞林』第三版）のでしょうが、最近は、油彩画の影響を受け、絵具を厚く塗り重ねた表現や、抽象的な描画など、いわゆる伝統的な技法にとらわれない表現技法も多く見られます。

それらを日本画材で描かれているといった理由だけで日本画であるとしていいのか、といった混乱が起きているわけです。

一つの国家的な枠組みの中に置こうとして誕生したものです。**その成立には、西洋に追いつこうとしていた当時のこの国が置かれた状況や、政治的な思惑も色濃く影響していたと思われます。**

西洋に伍するため求められた、伝統的な日本の美を統合する「日本画」。それを描いたのが国民画家、横山大観だったのです。

《序の舞》――上村松園

二〇世紀　絹本著色　東京藝術大学（東京）

重要文化財

■舞の一瞬をうつした美人画

女性の目を通して、生涯「美人画」を描き続けた上村松園。現代の画壇でも「松園の前に松園なし、松園の後に松園なし」といわれる天才画家で、**女性として初めて文化勲章を受章した人物でもあります。**

彼女の最高傑作の一つが、この《序《じょ》の舞《まい》》。

背景が一切、描かれていない空間に、凛として立つ振り袖姿の女性が、能の舞の一つ、序の舞を踊る姿を描いたもので、扇をかざした右手越しに一点を見据える女性の表情には、厳しさと凛々しさがみなぎります。

この作品のモデルを務めたのは、長男、松篁《しょうこう》の夫人、たね子でした。その際、松園は当時の京都で一番と評判の髪結い師に文金高島田を結わせました。

松園自身、七四年の生涯を通じて、戦時中以外、常に和装を貫き、着物や髪型にもこだわったといいますが、この絵のモデル、たね子の髪型にも松園は徹底的にこだわったのです。

松園はその著書『青眉抄《せいびしょう》』で、この作品について「この絵は私の理想の女性の最高のものといっていい、自分でも気に入っている〝女性の姿〟であります」と述べています。**松園が理想としたのは、気高く、何者にも汚されることのない強さを胸に秘めながら、凛として生きる女性でした。**この作品は、そんな彼女の理想を描いたもの。そして実は、松園自身もそのような気高い生涯を送ってきた女性だったのです。

■男尊女卑の時代を生き抜いた

松園は明治八年、日本が近代国家として産声をあげて間もない混迷の時代に、京都の葉茶屋の家に生まれました。誕生の二ヶ月前には父が他界、母の仲子は女手一つで松園と姉、二人の娘を育てていきます。

幼少の頃から絵を描くことが好きだった松園は、小学校を卒業すると、京都に開校したばかりの日本最初の美術学校、京都府画学校に一二歳で入学。しかしすぐに学校と意見が対立して翌年には退学して鈴木松年に師事します。

明治の女性が職業画家を志すなど、世間が認めるところではありませんでしたが、母の仲子は、常に松園を理解し励まし支え続けました。

そして一五歳の時には、内国博覧会に出品した作品が、英国皇太子に買い上げられ、新聞にも取り上げられるなど、松園は、早くも才能を発揮し始めます。

松年の他にも幸野楳嶺《こうのばいれい》、竹内栖鳳《たけうちせいほう》に絵を学び、独自の作風を確立させていった松園の作品は、人気を呼び、その名声も高まっていきました。

やがて二七歳のときに未婚で妊娠。相手は最初の師匠、松年と言われていますが、松年に家庭があったためか、松園は多くを語っていません。

結局、未婚の母の道を選び、世間の冷たい視線に耐えながら、長男松篁を出産（松篁は成長して画家になり、文化勲章を受章しています）。

時は明治、世間は白い目や陰口を松園に向けましたが、それに耐えながら松園は美人画を描き続けました。

各地の展覧会で、その作品が高く評価されるようになると、男性の日本画家から激しい妬みと嫉妬が向けられるようになり、何者かによって出展中の作品に落書きされるといった目にも遭いました。

そうした妬みとの戦いは、松園が晩年「戦場の軍人と同じ血みどろな戦いでした」と記すほどでしたが、それでも女性の社会進出を嫌悪する保守的な画壇の中で、ひたむきに絵筆を握り続けました。彼女は鋼のような精神力で、気高く我が道を貫き通していくのです。

そうして描いた最高傑作が《序の舞》でした。この絵について松園は「何ものにも犯されない、女性の内に潜む強い意志をこの絵に表現したかった。一点の卑俗なところもなく、清澄な感じのする香り高い珠玉のような絵こそ、私の念願するものなのです」と語っています。

燃える心を内に秘めているかのように、扇の先を、ただ真っ直ぐ毅然として見つめる女性の姿。それは自らの信じるものだけを見つめて、波乱の生涯を孤高に生きた、松園自身の姿だったかもしれません。

日本の「美」に対しての、一つの解

生涯に渡り、美人画だけを描き続けた松園でしたが、当然、その画風は変化し続けています。美人画の画題にも様々なバリエーションがあり、中国の故事、日本の古典文学、能の主人公など、歴史、物語をテーマとした作品や、母子像などの何気ない日常を描いた風俗画など様々な画題を手掛けています。中でも『源氏物語』で嫉妬のあまり、生き霊となった六条御息所を描いた作品、《焔《ほのお》》は、身震いするほどの静謐な凄絶さですので、機会があれば一度はご覧ください。

松園はこれらの美人画を江戸の浮世絵をヒントにしながら描いたとされています。

「美人画」の用語は、一九四〇年代から一九五〇年代の頃に「文部省美術展覧会」で作られた言葉だとされています。

ただし、必ずしも「美しい女性」を描いたものが美人画ではありません。あくまで「女性の美しさ」を表現したもので、見た目だけでなく、女性の中にある、内面の美しさを含めた女性美を描くのが、美人画です。

実際に松園の描く女性は、目を見張るような美貌の女性でも、官能的なわけでもありません。優しさや気高さ、強さやたおやかさといった、内面の美を松園は描いているのです。

第 4 章

日本美術の知的な鑑賞作法

日本人の「美の好み」を理解する

■意図せず感じる日本の美意識

日本人が描いてきた作品や、中国や西洋から取捨選択しながら採り入れたもの。そしてそれをどう消化し、深化させていったのかを時代を超えて観ていくと、日本人特有の美意識のようなものが、そこはかとなく見えてこないでしょうか。

基本的には、美を感じる心は万国共通です。私たちがフェルメールやゴッホの作品に美を感じるように、西洋の人々も若冲や北斎の作品に美を感じています。モーツァルトやバッハ、ベートーベンの音楽が、国境や民族といった壁を乗り越えて愛されるのと同じです。

ただ、**鑑賞者と違って、作者には生まれ育った風土的なものが、その作品に反映さ**

れます。日本画家の千住博さんの談になりますが、夢中になって描いている最中に「なるほど、これが日本の文化か」と、生命の記憶にさかのぼったような、遙か遠い、懐かしさをたぐり寄せたような感覚になることが、時折あるそうです（『千住博の美術の授業　絵を描く悦び』光文社新書）。それはＤＮＡや潜在意識に刻まれていた、日本人の美意識が表出した瞬間なのではないでしょうか。

これまで観てきた作品にも、やはり日本人の美意識のようなものが意図せずとも現れています。

一体、それはどういう傾向を示すものなのでしょうか。もちろん、重なり合うものや、当然、例外もあります。とてもひと言では語れない、日本人の美意識の、側面の一つに過ぎないものもあるでしょうが簡単にご紹介しましょう。

■「空間の連続性」を好む

まず《源氏物語絵巻》などの絵巻物からは、日本人が空間を連続したものと考える傾向がうかがえます。「吹抜屋台」を例に、日本の建築の「中」と「外」があいまいな点は、前述しましたが、考えてみれば絵巻そのものが、連続した空間で展開される物語を描くものです。《信貴山縁起絵巻》や《鳥獣人物戯画》もそうでした。

空間を連続したものと考える日本人の意識は、戦国時代から江戸時代初頭にかけて描かれた《洛中洛外図屏風》などにもみられます。

《洛中洛外図屏風》は、京都の名所と町に暮らす人々を描いたものでしたが、俯瞰の視点で見ていった場合、描こうと思えばどこまでも描くことができます。これはどういうことでしょうか。

常に敵の侵略にさらされていたヨーロッパでは、まず城壁を作ってから、その中に住居を作って人々が暮らしていました。**一方で日本では城こそ壁に囲まれましたが、街の外に障壁はありません。城外に集い、住居を建てて暮らした人々のいた場所が、結果として街になったのです。**

これは《洛中洛外図屏風》の描かれ方と同じで、拡げようと思えば、どこまでも拡がっていく、という可能性を秘めています。実際に江戸の街はどんどんと拡大していき、八百八町といわれるまでになっていきます。

空間を連続したものと考える意識は、かの有名な俵屋宗達の《風神雷神図屏風》などにも見られます。《風神雷神図屏風》では、雷神の太鼓などが、画面の上端ではみ出しているのですが、そのことによって空が、ずっと絵の外にまで続いていることが示されています。

これも日本の絵師が描く作品に「空間の連続性」があることを物語るものの一つでしょう。

もともと日本人は、西洋建築における壁のようなもので、空間を仕切ることに、どこか窮屈さのようなものを感じるのではないでしょうか。

壁を作るのではなく、屏風や衝立、襖といった可動式の仕切りで、とりあえずの間仕切りをしていたのも、そのためなのかもしれません。その屏風や衝立、襖に描かれるための絵が、日本美術を代表する作品となっているのも、面白いと思います。

■「ミニチュア」を好む

《源氏物語絵巻》からは、日本人のミニチュア志向も見えてきます。吹抜屋台の中の登場人物が、まるでおもちゃの人形たちのようだからです。

日本人が、様々なものを小さな世界に閉じ込めることを好むことは『「縮み」志向の日本人』（講談社学術文庫）の中で、韓国の学者、李御寧《イオリョン》さんが、一九八二年に指摘しています。実際に日本人は、大樹のミニチュアである盆栽、庭のミニチュアである箱庭など、ミニチュア世界が大好きです。

そしてそれは近代や現代にだけ、見られる傾向ではなく、清少納言が「なにもなにもちいさきものはみなうつくし」と枕草子の中で述べているように、**平安の昔から日本人は小さいものや、かわいいものを好んできたのです。**

折り鶴やひな人形、自然の光景や情感を三一文字で表す和歌や、一七文字で表す俳句が好きなのもそうですが、日本人は小さくまとめた世界が大好きなのです。だからこそトランジスタやウォークマンなども開発することができたのでしょう。

美術に話を戻せばミニ彫刻の根付けがそうですし、**《洛中洛外図屏風》も、いわば京都の町のミニチュアです。**《鳥獣人物戯画》や《信貴山縁起絵巻》、《一遍聖絵》といった一連の絵巻物も、連続する時間や空間の流れを絵巻の空間に閉じ込めたものといえるかもしれません。

■「対」を好む

長谷川等伯《松林図屛風》と俵屋宗達《風神雷神図屛風》、そして尾形光琳《紅白梅図屛風》。この三作品には、ある共通点があります。それはどんなことでしょうか。

答えは、中心となるモチーフが一つではなく、複数のモチーフが描かれていることです。

「二本の異なる松」、「風神と雷神」、「老木と若木」といったモチーフが並列で描かれています。

屛風は一対のものですから、それぞれの隻（組になっているものの一つ）にモチーフを描いたともいえますが、日本人はこうして複数のものを並べるのが、もともと好きなのです。

代表的なものは尾形光琳の《燕子花図屛風》で、そこに光琳はリズミカルに数十の燕子花を並べています。

美術における表現形式だけではありません。一神教と異なり、日本では神様も仏様も並列です。使用する文字も、漢字とかな文字、カタカナやアルファベットを同時に使いこなす。これは世界的に見ても希有なことです。

かな文字ができたことで、漢字が廃れることがなかったように、日本では新たな美術様式が生まれても、過去の様式が消え去るわけではありません。新たな様式が旧式にとって代わるのではなく、そこに新たなものが加わるだけ。足し算的に並列させてきました。

かな文字は、もともと中国の漢字を崩したものですが、これは中国美術を受容していきながら、和風に深化させていった、日本美術の在り方にもつながるものです。

直線的な形である漢字は、日本に来て、やわらかなひらがなに変化しました。それはごつごつとした自然が描かれてきた唐絵が、日本でやわらかな大和絵になったプロセスと似ています。中国の男性的なものを、やわらかく変化させる。これも日本人の美意識でしょうか。

そうした意味では、日本美術は、どこか女性的なものであるのかもしれません。

「美の描き方」を理解する

■「形」でなく「心象」を描く

一〇〇〇年にわたって描かれてきた、日本美術の多くに共通していえるのは、作者が「美しい対象を描く」のではなく、「対象の美しさ」を描いてきたことではないでしょうか。

油絵に代表される西洋絵画では、目の前の対象物を忠実にキャンバスに描く「具象表現」が主でしたが、**日本では心のフィルターを通した「心象画」が主に描かれてきました。**森羅万象を見て「美しい」と感じた、その気持ちを描いてきたのです。

紀貫之が書いた『古今和歌集』（笠間文庫）の冒頭には「やまとうたは人の心をたねとする」と記されています。和歌とは、心が美しいと感じたものを「種」として詠むものでした。それと同じ様に、日本美術もまた、人の心を「種」として、きわめて心情的に美を表現してきたのです。

西洋美術史研究の権威で、日本美術にも造詣の深い東京大学名誉教授、高階秀爾さんは、その著書『日本美術を見る眼』（岩波現代文庫）の中で、そのことを次のように述べています。

〝シンメトリー、プロポーション、幾何学、黄金比、その他何にせよ、「美」を合理的な原理に還元しようとする試みは、日本人の美意識の歴史においてはついに無縁のもののようであった。「美」とは、そのような対象に属する性格ではなく、あくまでそれを感じる人の心のなかに存在するものだったからである。〟

明確な言葉では、表現しにくい美を感じたときの心情、それを日本人は昔から造形として描いていたのです。

■「美しい」と感じたものをどう表現してきたか

描く対象も、それが必ずしも見た目に美しいものでなくても構いません。たとえば咲き誇る満開の花でなくても、川に散った花びらを美しいと心が感じれば、それも対象になるのです。

「対象物の美しさ」といった場合の「美」は、「きれいだ」「美しい」といった感じ方に限定されません。**可愛さや畏敬の念、悲しみ、驚きや可笑しみや憧れ、憐憫の情といった感情も含まれます。**

庭で苔むす石が、日本人に愛されてきたのも、単に「きれいだ」と感じるからではなく、苔に重ねられた歳月に思いを馳せ、心が動かされたからだったのでしょう。

いわば日本人は「心を動かされるもの」すべてを「美」として描いてきたのではないでしょうか。

心が動くことは、今、ここにいて生きて、何かを感じていることの証でもあります。そうした生に対する感動を、日本美術では平安の昔から、描いてきたのかもしれません。

そのような心象を表現するために用いられてきたのが、日本美術の特徴として多くの作品に見られる表現方法です。

描くのが心象であれば当然、写実的にはなりません。どこから対象物を視ているかといった視点も関係なくなりますから、遠近法や陰影で立体表現をする必要もなくなります。

形のない心を描くのですから、ドナルド・キーンが指摘したように「いびつ」で「不規則」にもなるでしょう。「あいまい」ともいわれますが、それは心が常に、動くものであることも影響しているかもしれません。

■日本美術は「ファンタジー」

こうした日本美術の特徴を表すキーワードを、私が一つだけ挙げるとしたら「ファンタジー」になるでしょう。私には日本美術が、ファンタジーを紡いで独自のイメージ世界を作りだしてきたように思えるのです。

ファンタジーとは、現実とは別の舞台設定や、超自然的存在などの不可思議さに、物語の魅力を求めたものですが、**日本美術の作者たちも、厳しい現実の中で、目に映る森羅万象に自らの心を重ね、幽玄やはかなさといった幻想世界を描いてきました。**

表現方法も日本美術は、きわめて空想的であり、幻想的です。

空から見下ろす構図も、金の霞や雲が立ちこめる街の描写も、墨だけで幽玄な山水画の世界を描くのもファンタジーです。

日本美術が情緒的であるとか、叙情的であるとよくいわれるのも、その本質がファンタジーだからではないでしょうか。それを現代においても表現し続けているのがスタジオジブリの宮崎駿であり、漫画『ＡＫＩＲＡ』で知られる大友克洋といった人々です。

そう考えれば、日本美術は、古くさいものでもとっつきにくいものでもなくなるはずです。あなたも宮崎アニメを見に行くような感覚で、日本美術を気軽に鑑賞してみてください。

人と差がつく3つの味わい方

■①「余白の美」を楽しむ

日本美術を楽しむためには、ちょっとした見方のコツのようなものもあります。その一つが「余白」を楽しむことです。

ヨーロッパの絵画はルネサンスから印象派まで、余白が入り込む余地を残さず、びっしりと油彩で画面を埋めてきました。

一方で、日本の絵画は、室町時代辺りから、しだいに余白を持つように、洗練されていきました。

余白をもうけるのは、日本美術によく見られる特徴で、中国の水墨画でも長谷川等伯《松林図屏風》ほどの余白を持ったものは、ほとんど描かれていません。

この《松林図屏風》を観た多くの人が、深い霧を感じるように、余白はただ単に筆を入れない白紙の部分ではありません。**そこは鑑賞者の想像によって埋められるべき場所でもあるのです。**

そのことは大和絵を受け継ぐ土佐派中興の祖、土佐光起《とさみつおき》が死の直前に書き残したとされる『本朝画法大伝』の中にある、この言葉に象徴されるかもしれません。

「白紙もものうちなれば、心にてふさぐべし」

余白を光起は、心でふさぐといいます。岡倉天心も光起と似たようなことを、このような言葉で表現していました。

「故意に何かを仕立てずにおいて、想像のはたらきでこれを完成させる」

(『茶の本』講談社学術文庫)

二人の言葉が物語るのは、余白とは、心や想像で描いた心象を映し出す場であるということ。

まだ筆を入れていない「未」でも、中身のない「虚」でもない、禅でいうところの「無」のようなもの。**「余白」とは、虚心坦懐に作品を観たときに、鑑賞者の心に自然と浮かび上がってくるものを映す、スクリーンのような空間なのかもしれません。**

世阿弥が『風姿花伝』に書いた「秘するが花」。この言葉は、すべてを表現しないことで鑑賞者の想像力を駆り立てることの大切さを説いているとされますが、それこそが「余白」ではないでしょうか。秘められたもの、つまりミステリーがあれば、人は謎を解こうとします。

つまり、余白は鑑賞者の興味を駆り立てる、情報の空白なのかもしれません。

禅宗では、問いに対する答えを経典や、師から教えられるのではなく、座禅などの修行によって自ら悟ることが求められます。余白もそれと似たようなもので、あえてすべてを描かないことで、鑑賞者に自ら思い浮かべることを促しているのかもしれません。

「わからせる」のではなく「気づかせる」。つまり作品だけで完結するのではなく、鑑賞者の参加を求め、それによって作品を完結させようとするものなのです。

余白は、何も描かれていない部分だけではありません。

桃山時代の障壁画の背景としてよく使用された金地や、永徳の《唐獅子図屏風》の金雲も「金の余白」です。

余白のある作品に出会ったら、作者がそこにどのような詩情を込めようとしたのかを考え、自分の心に、どのような情景が浮かび上がってくるかを、楽しんでみてください。

②「線」を楽しむ

日本美術では、「線」に注目しても楽しめます。フェノロサが日本美術の特徴を挙げたことは、前にも述べましたが、その中の一つが「日本美術には鉤勒《こうろく》がある」でした（鉤勒とは輪郭線のこと）。

フェノロサが日本美術の特徴と指摘するように、西洋の自然主義絵画には輪郭線が存在しません。私が子どもの頃には、西洋美術の好きな美術教師が、よく授業で「現実の自然に輪郭線は存在しない」などと得意気にいっていたものです。

しかし逆にいえば線とは、人間が自然には存在しないにもかかわらず、表現の主義として生み出したもの。そんな線の面白さが楽しめるのが日本美術なのです。

そもそも墨を毛筆に付けて、一気呵成に走らせる日本美術にとっては、描線こそが命。**輪郭線を描くことなく、油彩を重ね塗りしながら対象物を描く、西洋美術とは線の重要度が異なるのです。**

たとえば達磨太師を描いた雪舟の《慧可断臂図《えかだんぴず》》。達磨太師の全身の輪郭線は、まるでマーカーで描いたようで不思議な浮遊感です。
喜多川歌麿《きたがわうたまろ》の美人画の輪郭線をよく見てください。これほどセクシーな線は他にはないでしょう。前章で紹介した浦上玉堂の線は、雪の湿気を感じさせてくれ、北斎の線は生き生きと躍動してなんとも自由です。

武将たちに気に入られた狩野永徳の線には、画面をはみ出すほど勢いがありますし、雪舟の線からは、疾走感のような潔さを感じることもできます。

美術館に出かける人に、私がおすすめしているのは「目的を持って行く」ことですが、ときには「今日は線に注目してみよう」と決めて出かけてもよいでしょう。きっと個性のある、いろいろな線と出会えます。

そうして目が慣れていくと、日本美術だけでなく、西洋美術や現代アートのいろんな線も楽しめるようになります。

たとえばイタリアの前衛芸術家、ルチオ・フォンタナには、キャンバスをナイフで切り裂いただけの作品が数多くあります。

美術鑑賞に慣れない人は、ルチオがナイフでキャンバスを切り裂いたところを、単なる裂け目としか捉えられないかもしれません。

しかし、「線を楽しもう」と考えながら目をトレーニングしていけば、その切り口も筆ではなく、刃物によって描かれた、きわめてシャープでピュアな線であることに気づくことができるようになるのです。

■③「振り幅の大きさ」を楽しむ

狩野永徳《唐獅子図屏風》と、長谷川等伯《松林図屏風》。この本に掲載したライバル二人の作品を比較してみてください。

同じ屏風絵でありながら、永徳は、金の雲に威風堂々とした唐獅子を豪華絢爛に描き、等伯は簡素ながら奥深さを感じさせる筆致で松林を描いています。

どちらも同じ時代に描かれたものですが、こんなに違う。同じ時代にありながら、その振り幅の大きさも日本美術の魅力です。

この振り幅の原点が、第1章でお伝えした、装飾的でダイナミックな縄文美術と、簡素でおだやかな弥生美術の違いです。

哲学者の谷川徹三氏は、著書『縄文的原型と弥生的原型』（岩波書店）の中でこれらを、日本美術における二つのプロトタイプ（原型）として位置づけてきました。

哲学者で元京都市立芸術大学名誉教授の梅原猛氏も著書『日本とは何なのか』（N

HKブックス）で「日本文化を縄文文化と弥生文化との対立をはらんだ総合とみる」と述べています。美術史家で明治学院大学教授の山下裕二氏も著書『驚くべき日本美術』（集英社インターナショナル）の中で、先ほどの谷川氏の著書を引き合いに、「縄文～永徳～東照宮～明治工芸」のラインと、「弥生～桂離宮～利休～柳宗悦」の二つのラインが日本美術の中にあるとしていました。

日本美術では、しばしばこうした両極端な表現が同時に現れます。**日光東照宮に見られるような過剰なまでの装飾が施された建築と、桂離宮に代表されるような質素きわまりない建築とが、差のわかりやすい代表でしょう。**きらびやかな非日常的美術と、しみじみとした日常的な美術が並立して存在しているのです。

一般的には日本人はシンプルなものを好むとされますが、一方で非常にデコラティブなものにも魅せられるという傾向も大いにあるのです。

また、両系統をたくみに融合させた作品もあります。

その代表が、尾形光琳の《燕子花図屏風》でしょう。金箔を一面に貼りつめた華美な障壁画でありながら、描かれているのは一見して見分けのつかない燕子花だけ。余計なものを一切排除して「金の余白」を活かした《燕子花図屛風》は、縄文的美術のようでありながら、弥生的美術のおだやかさをも内包したものなのです。

どんどん盛っていく足し算型の縄文的美術。そして、過剰なものを排除する、引き算型の弥生的美術。

この二つの流れがあることを知るだけでも、日本美術を鑑賞する際、「この過度の装飾は、もしかしたらこれは縄文かな？」などと、推測して楽しむこともできます。

この視点で観れば、近年ブームを呼んでいる伊藤若冲や曽我蕭白らの奇想系は明らかに縄文的であると想像できます。現代美術でいえば、草間彌生さんが縄文的ともいえるかもしれません。

日本美術の鑑賞いろは

■まずは目を慣らすことから

そろそろあなたも日本美術鑑賞の基本がつかめてきたでしょうか。

ここからは実際に日本美術を楽しむための細かなノウハウを紹介していきます。

西洋美術にもいえることですが、日本美術は基本的な知識をまったく持たずに美術館に行っても、退屈してしまいます（若冲を始めとする「奇想の系譜」のような個性的でわかりやすい作品は例外です）。

つまり最低限の知識が必要ですが、ここまで読んでいただいたあなたなら、基礎的な知識はすでに備わっているはずです。

西洋美術ではキリスト教の知識や西洋の歴史も頭に入れておくべきですが、読者の方はすでにざっくりとした日本史や仏教に関しての知識もあるでしょう。歴史は中学校レベルで十分ですし、仏教の知識も極端にいえば「ご臨終のときはお迎えが来る」といった程度でも大いに結構です。

それよりも大切なのは、目を慣らすことでしょう。

最初は日本美術のポータルサイトで構いません。この本を読んで興味を持った作家や作品があれば検索して眺めてみてください。ネットサーフィンをしながら関連作品や、その作者が影響を受けた人や影響を与えた人を調べてみてもよいでしょう。

たとえば円山応挙に興味を持ったならば、応挙に影響を与えた沈南蘋や、応挙の弟子である長沢蘆雪の作品に触れてみてください。何が継承され、何を変えたかが見えてきます。

さらに興味を持ったら、図書館で画集を借りて、眺めて楽しんでもよいでしょう。そうしているうちに、どんどんと目が慣れていき、日本美術を見る目が養われていきます。

■本物を生で観るのが一番

もちろん一番おすすめするのは、美術館でその作品を実際に眺めてみることです。やはり本物は圧倒的に違います。

その作品のたたずまい、岩絵の具ならではの触感あふれる筆致や印刷では捉えきれない色彩、その存在感はディスプレイや画集では、決して味わえないものです。

とくに若冲の《動植綵絵》のような「絹本著色」の作品は、ぜひ写真と実物を見比べてください。絹地を染めた岩絵の具の美しさは、実際に近くで観なければ味わえません。

以前、展覧会で、若冲の作品を双眼鏡でのぞきながら鑑賞しているご婦人を見たことがあります。思わず「なかなか、やるな」と思いました。確かにそうすれば絹地に描かれた絵の美しさもわかるからです。**虫眼鏡などでもいいかもしれません。日本美術が評価される「細部の美しさ」を体験できるでしょう。**

実物を見れば、そのサイズにも驚くでしょう。画集では同じような大きさで並べられますが、実際に見ると想像より遙かに巨大なものであったり、意外と小さなものであったりするからです。予想より大きなものであれば、その迫力を、小さなものであれば、その細密な筆致を楽しむことができます。

■「国宝」はいつでも観られるわけではない

ただし、あらかじめ展示されていることが告知されている企画展は別として、作品は常に展示されているとは限りません。

たとえば、本物の《源氏物語絵巻》を見ようと、東京・世田谷にある五島美術館にふらりと出かけても、一年のほとんどは見ることができません。

日本美術、とくに絵画は経年劣化が激しいため、国宝や重要文化財クラスの作品は厳密に公開する期間が決められています。

「国宝」や「重要文化財」といったものが展示される場合は、そのタイミングで観ない限り、次がいつになるかわかりません。

展示期間に、ぜひ観にいかれることを強くお勧めします。

もちろん、多くの作品は常設展示で期間を決めてローテーションされながら公開されます。

その場合も、公開時期はインターネットなどで調べられますので、きちんと確認してからお出かけください。

■「国宝」「重要文化財」にこだわりすぎない

国宝や重要文化財の話が出たので、それらを鑑賞する際に注意点をお伝えしておきましょう。本書でも各作品の紹介で、文化財保護法の指定に基づく「国宝」といった但し書きを入れてあります。

ちなみに各作品を「国宝」指定するのは、文化庁内にある「文化審議会」の「文化財分科会」が決めています。

絵画の場合は、その中の第一専門調査会・絵画彫刻委員会で、国で保護すべき文化財とされたものを重要文化財に指定することを決め、その中でも美術的・史料的にとくに優れたものが国宝に指定されます。

これまで美術工芸品は八八五件、そのうち絵画一六〇件が国宝指定されています。

ただし、私たちが「これは国宝だから素晴らしい作品なのだ」と先入観を持って観る必要はまったくありません。

もちろん、先ほどお伝えしたように、国宝などは一般観覧できる期間が短いので、観ておくに越したことはありませんが、中には美的価値だけでなく、史料的価値の高さで選ばれているものもあるのです。

誰にでも好みはあります。評価の高い作品のよさがわからないからといって、鑑賞眼が劣っているわけはありません。**一見すると地味に見える鎌倉時代の来迎図に惹かれる人もいれば、雪舟の作品がどうしても好きになれないと語る、美術の専門家だって実在します。**

絵画の好みは、十人十色。他人の評価など気にしないで、自分が素直に好きだと思える作品を探せばよいのです。その作品をどう鑑賞しようと、個人の自由です。「国宝」「重要文化財」といった肩書きに惑わされることなく、日本美術を虚心坦懐に眺めて楽しみましょう。

■企画展の楽しみ方

人気の高い企画展は、常設展に比べると混雑して長く待たされることがあるのが難点です。平日や夕方以降など、比較的空いている時間帯を狙って足を運びましょう。

前著にも書いたことですが、出展作品のすべてを鑑賞する必要はありません。事前に公式サイトなどで、目玉作品をチェックしておいて、それを中心に「五点集中」、つまり**五つくらいの作品を重点的に鑑賞するのがおすすめ**です。

展覧会で、もっとも混雑するのは、実は入り口付近です。そこでは主催者のあいさつを真剣なまなざしで熱心に読んでいる人も少なくありません。

ですが、そうしたことは公式サイトにも掲載されていること。事前に読んでおけば素通りしていいでしょう。

私が先日、足を運んだ「北斎展」もそうでした。そこでは北斎の作品が、初期の若い頃から時系列に展示されていたのですが、多くの人が入り口に近い場所に展示された若い頃の作品を食い入るように鑑賞していました。

北斎の作品が、晩年になればなるほど素晴らしくなっていくのは、前述した通りです。ところが、最晩年の展示スペースは人影もまばらでした。

どうやら多くの人がここに辿り着く前に力尽きてしまったようです。それでは北斎の晩年ならではの魅力を、十分に楽しむことはできません。

正直なところ、一部の例外を除いて、高名な画家でも傑作と呼べるのは、そのキャリアのうちのごく一部と考えています。**傑作を観たあとで、成長過程の作品を楽しむならよいのですが、成長過程だけを企画展で集中的に観ていても仕方ありません。**だからこそ「五点集中」なのです。

あなたがまだ、日本美術に目が慣れていないのであれば、目玉作品を中心にぜひ「五点集中」で鑑賞してください。

そのほうが展示されている作品のすべてを観るより、日本美術をより深く理解することができます。

■本物の空間で、本物を鑑賞する至福

日本美術における、最高に贅沢な鑑賞法は、作品が本来、飾られていた場所で、そ

の作品を観ることです。たとえば京都・養源院では俵屋宗達の杉戸絵《白象図》や、襖絵《松図》《楓図》が本来の状態で観られます。

常に観られるとは限りませんが、京都には、一定期間だけ、寺院の中に絵師が描いた、襖絵などの障壁画を特別公開するところも少なくありません。《モナ・リザ》の代わりに、パリ・ルーブル美術館に送られた大徳寺聚光院の狩野永徳作《四季花鳥図》も時折、京都国立博物館から里帰りして、当時のままの姿で一般公開されることがあります。

大徳寺聚光院は、千利休が自ら選んだ菩提寺であり、茶道三千家の墓所。その中で、**信長や秀吉が愛した永徳の襖絵が、畳の上に当時と変わらない状態にあるのを観ることは、このうえない至福といえるでしょう。**

第1章などで述べたように、日本美術は人々の暮らしとともにあったもの。美術館のガラスの中にあるのを観るよりも、自然光の中、襖として存在する本来の姿を観るほうが美しいのはいうまでもありません。

ただ最近は、美術館でもなるべく本来の姿に近い状態や、より臨場感を楽しめる形で展示する工夫をしています。

たとえば東京国立博物館が二〇一九年一月に長谷川等伯の《松林図屏風》を公開し

たときは、本物とは別に最新の技術で高精細複製品を作り、ガラスケースなしで、畳に座って、じっくり屏風を眺める、本来のスタイルで鑑賞できるようにしていました。さらにプロジェクションマッピングで早朝から、月が昇る夜景までを再現もしています。

こうした工夫を凝らした展示を楽しむことから、日本美術の世界に入ってもいいでしょう。

秋元雄史（あきもと・ゆうじ）

1955年東京生まれ。東京藝術大学大学美術館長・教授、および練馬区立美術館館長。東京藝術大学美術学部絵画科卒業後、作家兼アートライターとして活動。1991年に福武書店（現ベネッセコーポレーション）に入社、国吉康雄美術館の主任研究員を兼務しながら、のちに「ベネッセアートサイト直島」として知られるアートプロジェクトの主担当となる。2001年、草間彌生《南瓜》を生んだ「Out of Bounds」展を企画・運営したほか、アーティストが古民家をまるごと作品化する「家プロジェクト」をコーディネート。2002年頃からはモネ《睡蓮》の購入をきっかけに「地中美術館」を構想し、ディレクションに携わる。開館時の2004年より地中美術館館長／公益財団法人直島福武美術館財団常務理事に就任、ベネッセアートサイト直島・アーティスティックディレクターも兼務する。それまで年間3万人弱だったベネッセアートサイト直島の来場者数が2005年には12万人を突破し、初の単年度黒字化を達成。2006年に財団を退職。

2007年、金沢21世紀美術館館長に就任。国内の美術館としては最多となる年間255万人が来場する現代美術館に育て上げる。10年間務めたのち退職し、現職。

なお、東京藝術大学大学美術館は、古くは奈良時代絵因果経から近代日本画の名作、上村松園「序の舞」など、国宝、重要文化財22点を含む約29000点の重要な日本美術を収蔵。また、フランス・パリで開催された「ジャポニスム2018」の展覧会キュレーターを担当し、国内外で数々の展覧会企画も行う。

著書に『武器になる知的教養 西洋美術鑑賞』（大和書房）『直島誕生』（ディスカヴァー・トゥエンティワン）、『おどろきの金沢』（講談＋α新書）、『日本列島「現代アート」を旅する』（小学館新書）等がある。

一目置《いちもくお》かれる知的教養《ちてききょうよう》
日本美術鑑賞《にほんびじゅつかんしょう》

2019年5月30日　第1刷発行
2020年9月10日　第2刷発行

著者　　秋元雄史《あきもとゆうじ》
発行者　佐藤　靖
発行所　大和《だいわ》書房
東京都文京区関口1-33-4
電話　03-3203-4511
企画協力　ランカクリエイティブパートナーズ
編集協力　石田章洋
カバーデザイン　鈴木千佳子
本文デザイン　松好那名（matt's work）
カバー・本文印刷　歩プロセス
製本　ナショナル製本

ISBN978-4-479-39323-8

http://www.daiwashobo.co.jp